「ソウルカラー《宿命の色》」と
「テーマカラー《運命の色》」を知れば

人生は
リセット
できる

いつでも

リセッター
角田よしかず
Yoshikazu Tsunoda

BAB JAPAN

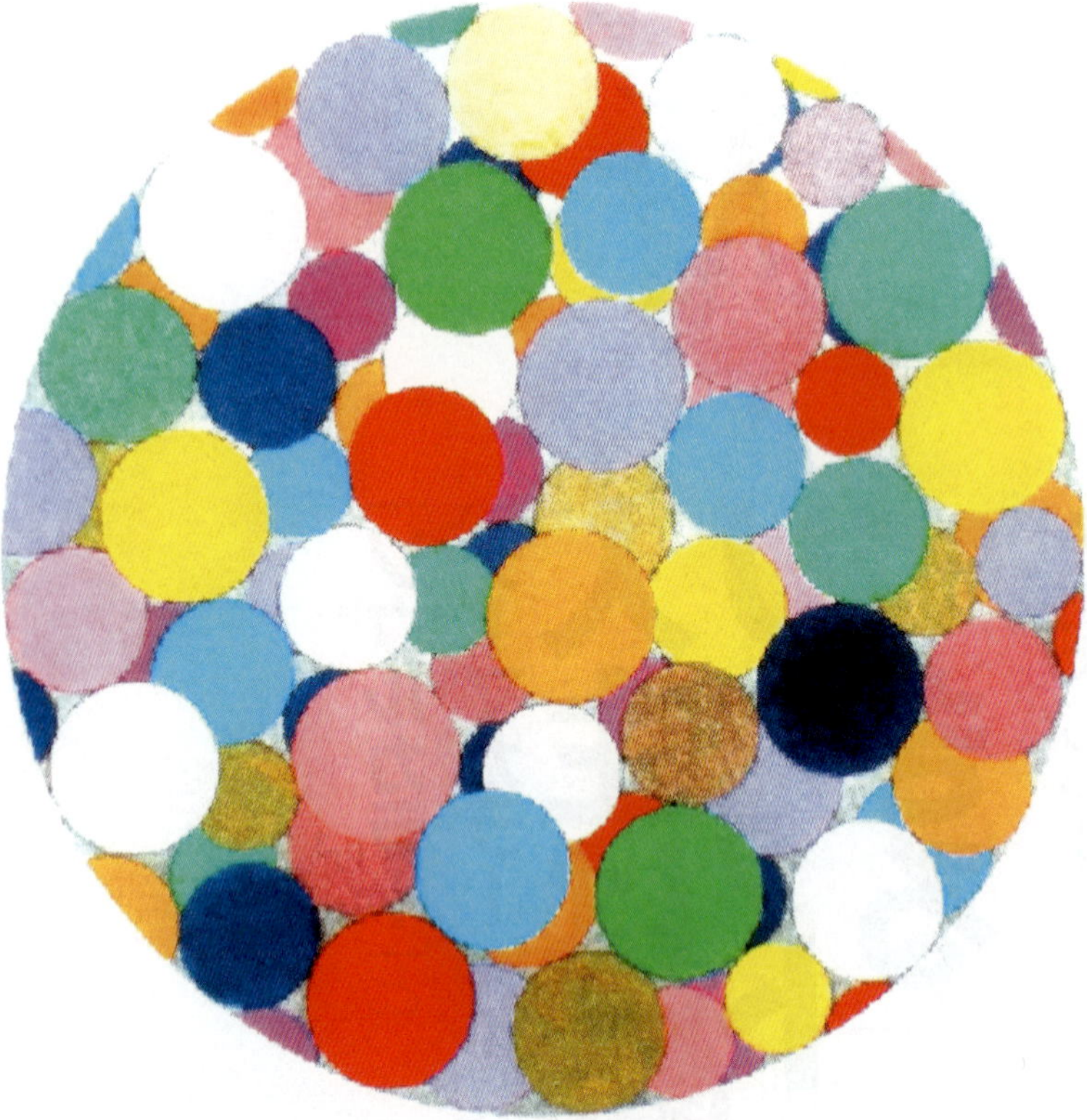

魂の色（ソウルカラー）を知るための
トレーニング・カラーチャート①

（詳細は 115 頁）

魂の色（ソウルカラー）**を知るための**
トレーニング・カラーチャート②

（詳細は 115 頁）

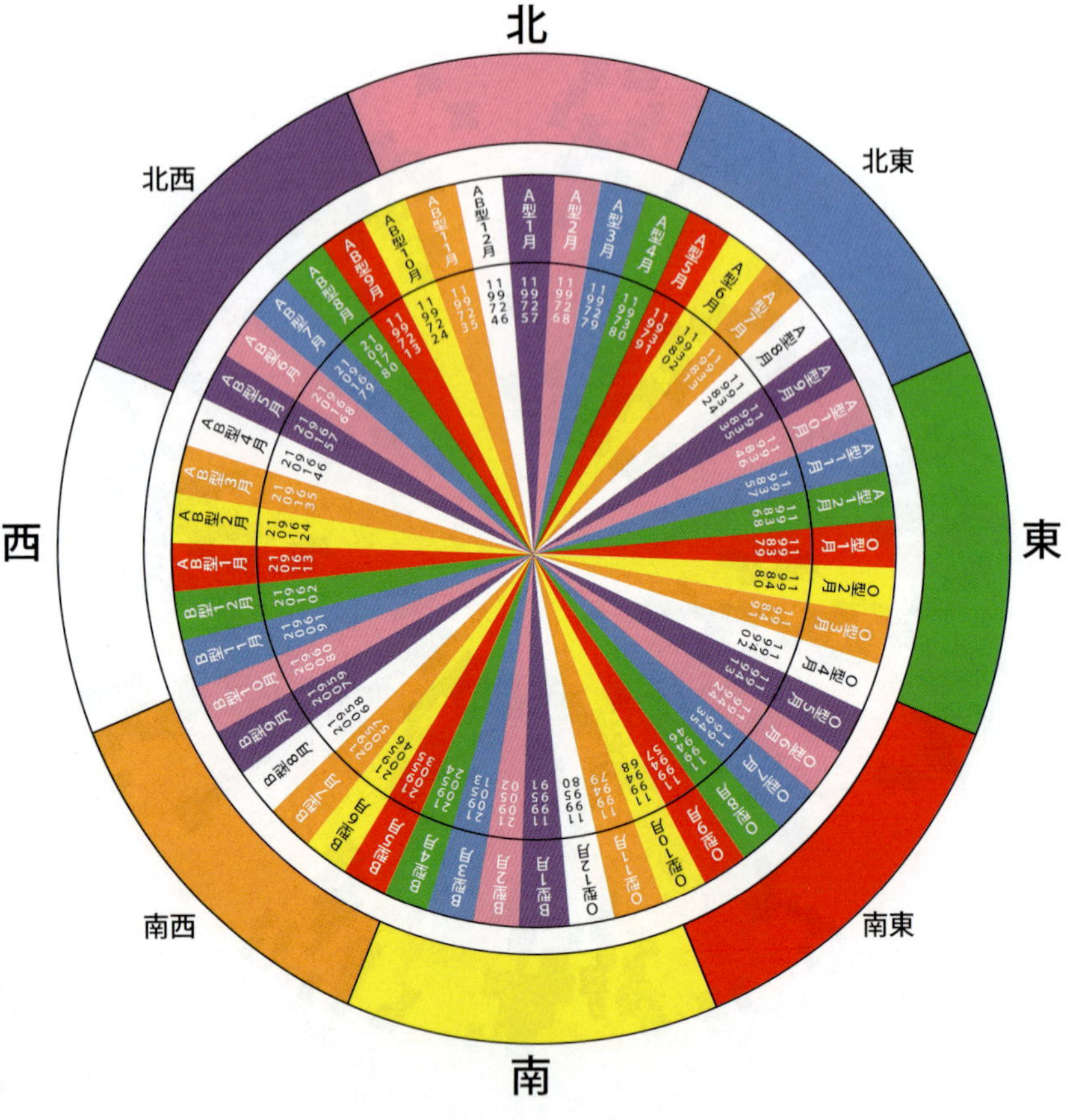

運命の色（テーマカラー）がわかる

色の羅針盤（カラーコンパス）

2018 年はピンク色が北の位置に来ます。
色の羅針盤によって、
自分の運命の色（テーマカラー）が
わかります（詳細は 122 頁）。

はじめに

「私はなぜ、生まれてきたのだろう？」

誰もがそう問いかけたことがあるのではないでしょうか。
私はこう答えます。
「魂は永遠に生き続けているからです」と。

あなたは、世界にひとりだけの尊い存在です。
あなたは、魂が過去世で経験したことをこの世に引き継いでいます。
そのときのいろいろな「思い」が魂に宿っているのです。
それが、あなたの「宿命」です。
そして、地球がある限り、宿命は永遠に受け継がれていくのです。
それが「輪・廻・伝・承」です。

今、あなたは何をしていますか？
仕事でしょうか？　勉強でしょうか？
それが今、あなたがなすべきことです。

今、自分がしていることをつまらないことだと考えていますか？
自分の仕事にやりがいを持っている人も、もちろんいるでしょう。
「これは天職かもしれない」と感じることもあるでしょう。
それは、とても幸せなことです。
そういう人は、困難なことがあっても、それを乗り越えていくことができます。

この世では、自分の魂に合っていないことは、一生懸命やっても無駄なのです。
間違った努力をどれだけしても、夢は叶いません。
一度、立ち止まって、自分のしていることを見つめ直してみてください。
それが「リセット」です。

あなたは自分の魂に合ったことをしていますか？
運命はいつでもリセットすることができます。
いつでも変えることができるのです。

本書では、「輪廻伝承」と「8種類の色」についてお話ししていきます。
そして、「宿命」とは何か？　「運命」とは何か？
私たちは、この世でどのように生きていけばよいのか？
その答えをお伝えしていきたいと思います。

本来の自分の魂に合ったことを見つけること。
そして、自分の魂の役割を知り、この世で自分を高めていくこと。
その方法をお伝えするのが本書の目的です。
それが、リセッターとしての私の使命なのです。

リセッター　角田よしかず

Contents

魂の色（ソウルカラー）を知るためのトレーニング・カラーチャート① 2
魂の色（ソウルカラー）を知るためのトレーニング・カラーチャート② 3
運命の色（テーマカラー）がわかる「色の羅針盤（カラーコンパス）」 4

はじめに 5

第1章 輪廻伝承——人はなぜ生まれてきたか？……11

「輪廻転生」と「輪廻伝承」 12
魂の役割を「完結」させる 15
宿命と運命 17
すべては原因と結果 21
魂は脳に宿る 26
一度、リセットする！ 33
ベストのタイミングは一度しかない！ 45
霊能者の役割とは？ 52
「わかる」ということ 60
人間の「段階」を上げる 67
人の念と戦争について 73
土地と国の念 80

第2章 この世はすべて8種類の色だった！……87
色は人を現わす 88
「色」に隠されたもの 89
8つの感覚 94
地球には8種類の人間がいる 101
魂の色（ソウルカラー） 106
運命の色（テーマカラー） 116
仕事も8種類 133
自分の仕事（色＝宿命）を知る 141
必ず導かれる 147

第3章 〝リセッター〟の誕生……167
不思議な力を持ったサッカー少年 168
いつのまにか飲食事業で大成功 171
ふたり組の女性霊能者現わる！ 174
自分のやり方でやる！ 180
ガンが消える！ 185

第4章 人生をリセットする……191
20年来のガンでも元気に 192
その人の守るべき行ない 193

憧れだった仕事が辞められず　199
旅行に行くべきかの選択　201
信仰は自分に合っているのか　204
医師とは違う判断　207
おばあさんのテレパシー　209
家の除霊をしたケース　211
先祖にまつわる霊　212
家や建物を透視する　213
元カレの念　217
有名な画家の絵だが…　219
子どもを生む両親の自覚　221
何を「主」とするのか？　223
「ソウルカラー」で選挙に勝つ　226
「左手」で脳のバランスをとる　228
「エンタメ」としての占い師や霊能者たち　231
下着の色を当てる!?　234
あなたができることが「あなた」　239
人が自ら旅立つとき　243
浮浪者から1億円をわたされる　246

おわりに　251

第1章

輪廻伝承——人はなぜ生まれてきたか？

●「輪廻転生」と「輪廻伝承」

魂とはいったい何でしょうか？

魂は人そのものです。私たちの肉体は魂の容れ物です。

でも、私たちが生きているときに、魂が肉体の容れ物に入っているという感覚はありません。魂と体が同化しているからです。

人が亡くなると、魂はまた別の肉体に移っていきます。

私たちは、前世からの魂を受け継いでこの世に生まれてくるのです。

そして、この世で魂をできるだけ高めて、次に伝えていくことが私たちの役目なのです。

魂は輪廻の法則によって、過去から現在、未来へと伝承されていきます。

今、私は「伝承」という言葉を使いました。

人がこの世を去り、魂があの世に還ったのち、ふたたびこの世に現れてくる、その繰り返しを「輪廻転生《りんねてんしょう》」と言います。

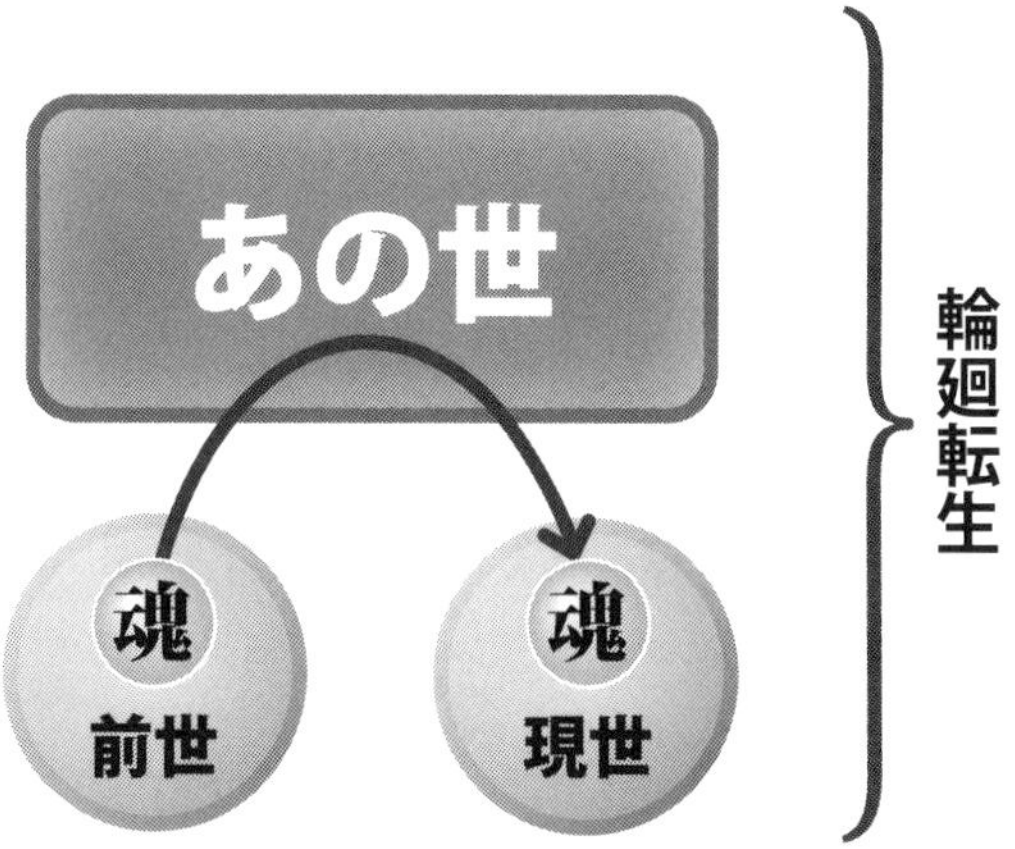

「輪廻転生」の概念には、前世から受け継いだ魂を肉体が留め、また別の肉体へと移っていくという自動システムのような響きがある。

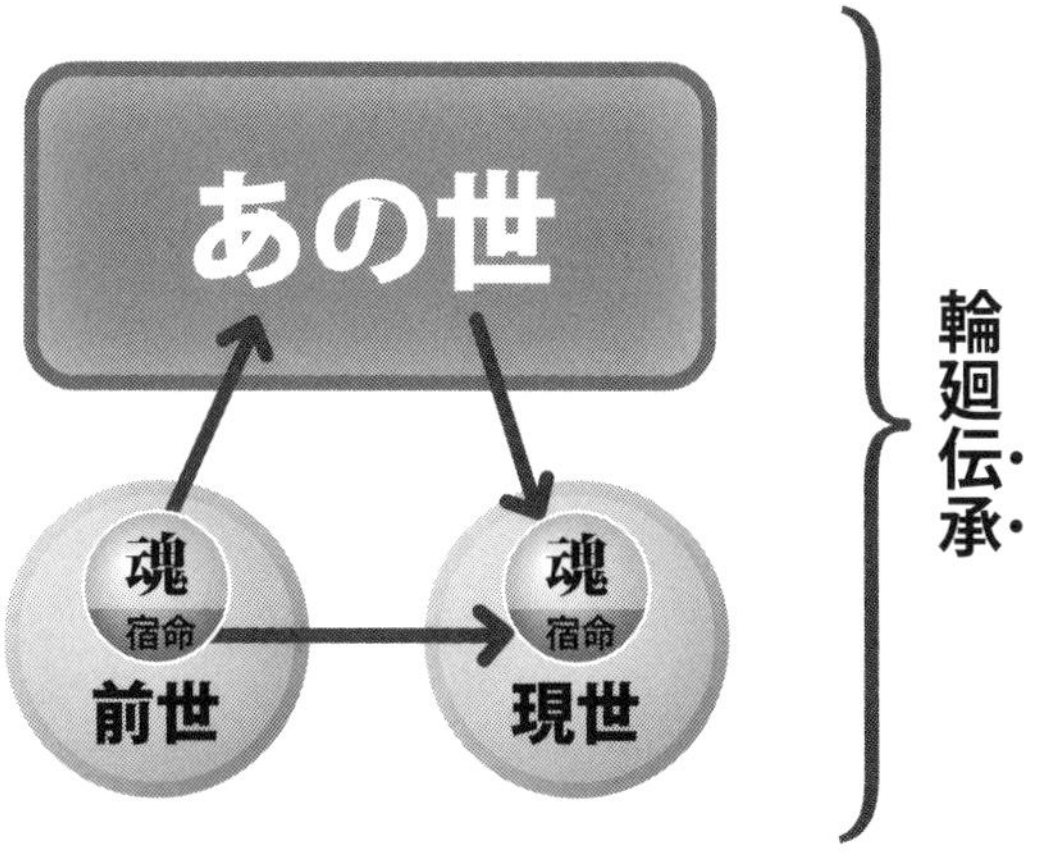

「輪廻伝承」とは、過去世から引き継いだ魂の使命を完結させて、次にわたすという明確な意志を持って現世を生きていくことである。

しかし「転生」という言葉には、どこか人まかせな印象があるように思います。前世から受け継いだ魂を新たな肉体が受け取り、一定期間肉体が留めたのちにやがて魂が離れ、また別の肉体へと移っていく。そうした自動システムのような響きがあります。

そうではなく、前世から受け継いだ魂は、私たちがこの世で責任を持って高めていく。そして、過去世から引き継いできた魂の使命を完結させて、次にわたす。

そういう明確な意志を持って現世を生きていくこと、それが「伝承」ということなのです。

仏教でいう輪廻転生は、魂が生まれ変わっていくことは説きますが、それぞれの魂の個性のことや、魂がこの世でどのように生きていけばよいのかについては説いていません。

私は、「輪廻伝承」という言葉を使って、魂は過去・現在・未来へと永遠に生き続けていくこと、そしてこの世では、私たちはどのように生きていけばよいのかをお伝えします。

それが、この世の私の使命だからです。

●魂の役割を「完結」させる

魂は不変です。

魂の容れ物である肉体は不変ではありません。

魂を持った肉体は、現世でさまざまなことを行ないます。魂はその「行ない」を衣服のようにまといながら、肉体が変わるごとに衣服を少しずつ積み重ねていきます。

そして、過去世からまとってきた衣服の数や種類が、その魂の「宿命」となり、その宿命を次に伝えていくことが「伝承」となるのです。

もし、過去世でよい行ないがあれば、その行ないは現世でもよいこと、福運として受け継がれます。逆に、よくない行ないがあれば、現世でもよくないこととして受け継がれるので、その行ないは改善されなければなりません。

現世で過去世と同じ過ちを繰り返せば、その魂は延々と同じ過ちを伝承していくことになります。

過去世の過ちは現世で解消して、「完結」させなければなりません。

つまり現世とは、過去世の過ちを繰り返さぬようにしながら、引き継いできた過ちを解消し、完結して、さらに私たちが高い段階へと上がっていくための場なのです。

現世でより高い段階へと進んでいくのか、また過去世と同じ過ちを繰り返してしまうのかは、私たちひとりひとりの意志と選択にかかっています。

私たちの魂は過去世からの宿命を受け継いで、それぞれの現世で運命を創造し、人生を完結させようとしてきました。

しかし、私たちは往々にして魂の役割を忘れ、宿命を忘れ、自分の欲望のままに生きてしまいます。

そうなっては、この世での魂の役割を放棄することになり、前世と同じ過ちを繰り返すばかりか、場合によっては、前世よりもさらによくない人生を生きてしまう可能性があります。

私たちが現世で生きていく目的は、過去世より受け継いできた宿命を完結させて、さらに高い段階へと上がって魂を次にわたすことなのです。

宿命と運命

私たちは犬や猫や虫ではなく、人間に生まれてきました。なぜなら、人間としてするべきことがあるからです。

前世は虎だったとか、鳩だったなどという人もいますが、そんなことはありません。人間は前世も人間だったのです。

人間として人生の終わりを迎え、この世を去ったあとはまた人間に生まれ変わります。でも、前世の記憶は消えてしまいます。

基本的にはゼロからのスタートになりますが、人によっては前世の記憶がデジャヴ（既視感）として訪れることがあります。

初めて見る風景なのに、どこかで見たことがあるような気がしたり、一度も来たことがない場所なのに、以前にも来たことがあると感じるのです。

デジャヴのいくつかは、魂の記憶です。デジャヴは過去世の記憶がときどき出現してくる現象で、前世が人間であったことを自分で実感できる証拠のひとつでもあるのです。いつかどこかで見たり聞いたりしたことがあると感じるのは、魂が過去世で経験したことだからです。

ときには人生の重要な場面で現われることもありますが、デジャヴの多くは魂の一種のいたずらのようなものです。私たちが、前世から魂を引き継いできていることを忘れないようにと、ときどき思い出させてくれるのです。

人間は生まれ変わってもまた人間になるので、「今は適当に過ごしていればいいや」と思うのは間違いです。

私たちには、この世に生まれてきた理由があるからです。宿命があるのです。そしてその宿命は、私たちひとりひとり違います。

これまでの人生を振り返ってみてください。20年ですか？　それとも50年、80年でしょうか。その間、いろいろなことがあったでしょう。楽しいこともあったでしょうが、苦しいこと、辛いこともあったはずです。

そして、さまざまな人との出会いがあったのではないでしょうか。「この人に会えてよかった」という人が、たくさんいることは素敵な人生です。

しかし、「この人に会うんじゃなかった」、「この人との関わりさえ持たなければよかったのに」と思うような人もいるかもしれません。

でも、そういう人でも、時間とともに忘れてしまうことがあるでしょう。あるいは、「一生忘れない」という怨みのような思いを持っている人もいるかもしれません。

生きていれば、いろいろな人に出会います。しかし、私たちは会うべき人には会い、会わなくてもよい人には会いません。人だけではなく、経験することすべてがそうであり、そのひとつひとつに理由があるのです。

私たちの宿命はみな違いますので、ひとりひとりが経験することは違います。それぞれに楽しいこともあれば、苦しいこともあります。

苦しいときは、「どうして自分だけが、こんなに苦しい思いをしなければならないのか」と思うかもしれません。でも、それがその人の宿命なのです。

そして、それは必ず達成したり、解消できることでもあります。

苦しいからといって逃げてばかりいると、どんどんと苦しくなります。そして、結局は何もできなくなり、その人の魂は現世の役割を果たすことができません。

そして、次に生まれたときには、また同じ苦しみ、あるいはそれ以上の苦しみと出会うことになるかもしれません。

現世の苦しみは宿命であり、その苦しみを乗り越えていくことが運命なのです。そして、あらかじめ自分の運命がわかっていれば、現世の苦しみも難なく乗り越えていくことができます。

私たちは、つい人のことがうらやましくなり、その人の真似をしたりすることがあります。でも、自分の宿命に合っていないことであれば、いくら真似をしてもうまくいきません。

人にはそれぞれ自分が持っている宿命があり、自分の宿命を生きることが一番大事なことなのです。

宿命とは、命に宿されているものです。運命とは、その命を運ぶことです。つまり宿命とは、その人の魂に課せられたテーマといってもよいでしょう。そして運命とは、この世で自分のテーマとどのように取り組んで、どのように運んでいくのか、ということです。

自分の魂の宿命を知り、この世で自分の道を進んでいればよいのですが、人生にはいろいろな魔が入ります。ほとんどの人が、自分の本来の道から逸れてしまうのです。まず、自分の宿命とは何か、自分の運命とは何かを知ることが大切なのです。

●すべては原因と結果

私たちの体は、風邪をひけば風邪に対する免疫力がつき、風邪に対応できる体が自然と作られるようになっています。

それと同じように、私たちはさまざまな経験から学んで、よい言動とよくない言動の判断がつくようにならなければなりません。

そのためには、この世の原因と結果の法則（因果の法則）を知る必要があります。そして、なるべく早く自分の生き方を築いて、無駄のない人生を送ることが理想的なのです。

輪廻伝承は、過去・現在・未来へと永遠に続いていくので、過去世で経験してきたことをこの世で経験していることがあります。

でも、ほとんどの人は覚えていません。経験したことを忘れているのです。だから、過去世の過ちをこの世でもまたおかしてしまうことがあります。

原因と結果の法則は、この世の人生においても、過去・現在・未来へと続く輪廻伝承においても、同じように働きます。因果の法則が長いスパンで働くか、短いスパンで働くかの違いなのです。

この世で起きることは、現実における私たちの言動が原因となって現われた結果です。よい言動であればよい結果が現われ、よくない言動であればよくない結果が現われるということです。

人によって結果が現われる時期や期間は異なるでしょうし、言動のよい・わるいの判断も人によって異なるでしょう。

「後悔先に立たず」といいますが、私たちはよく失敗をします。しかも、同じ時期、同じ状況、同じタイミングで、同じ失敗をしてしまうことがあります。

ほとんどの人が、経験から学んで自分の言動を改善しようとか、自己を高めていこうという意識をなかなか持てないからです。

失敗したことは、前世においても失敗していることであり、魂はその人に過去の失敗を思い出させようとしているのです。「あなたは今、また間違った道を進んでいますよ」、「今度は避けましょうね」と魂が教えているのです。だから、過去と同じ失敗をするような状況に繰り返し出会うのです。

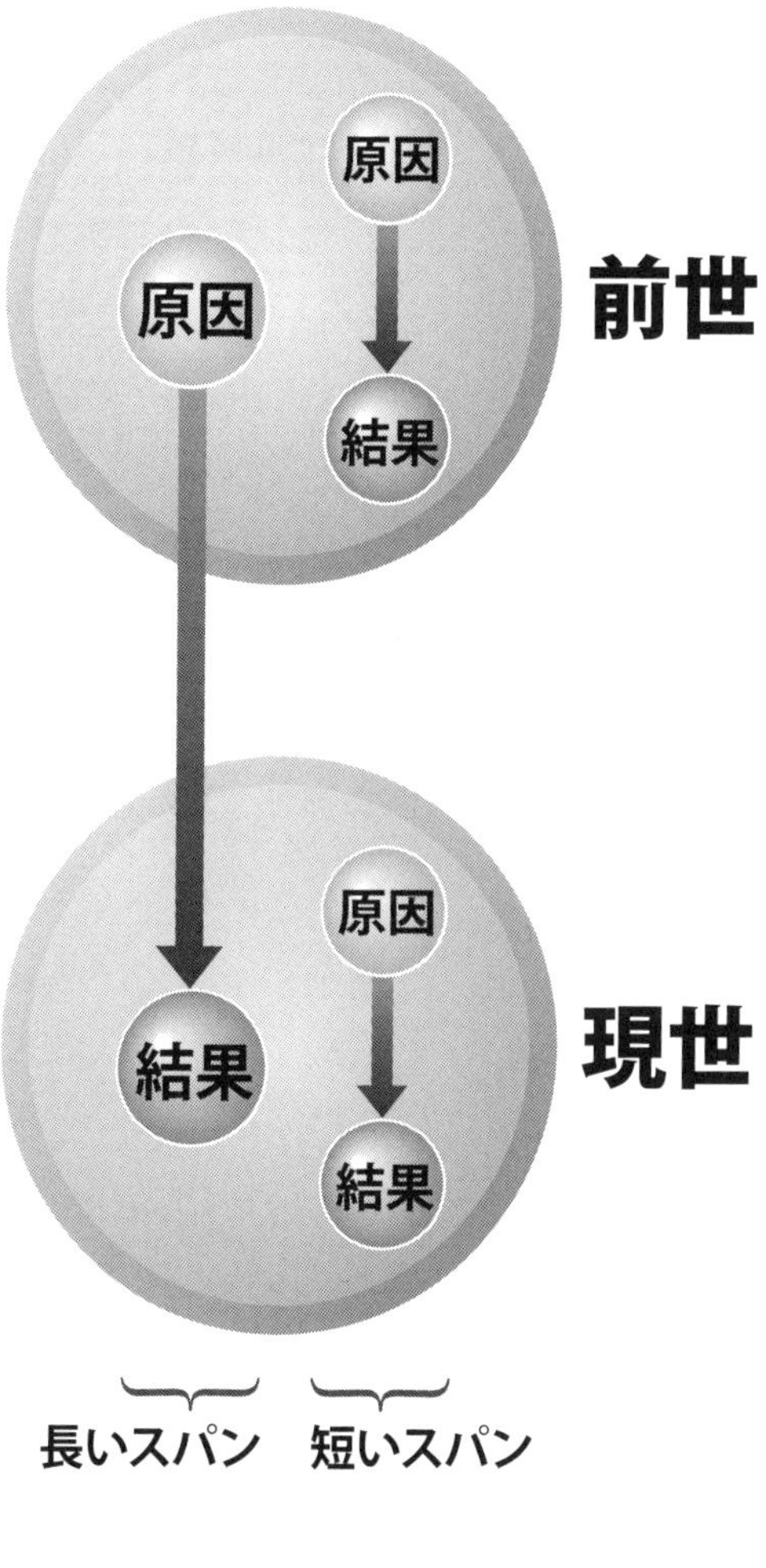

「原因と結果の法則」は、この世でも、輪廻伝承においても同じように働く。長いスパンで働くか、短いスパンで働くかの違いがあるだけ。

同じ失敗を何度も繰り返してはいけません。

失敗したことに気がついたら、早い時期に失敗から学び、次は失敗しないように進まなければなりません。

そうすることで、輪廻伝承されてきた宿命を解消し、魂の役割を完結する未来へとつなげていくことができるのです。

生まれたての赤ちゃんは、ピュアである一方、過去世からのあらゆる宿命を背負っています。男女の性別にはじまって、病気に対する抵抗力や肉体的特徴、家庭環境や生活環境など、いろいろあります。

赤ちゃんは免疫力や抵抗力を高めながら、やがて肉体的に少年少女から青年、大人へと成長していきます。

そして、過去世から伝承されてきた課題と対峙し、それぞれの考え、思い、行動によって因果の法則の影響を受けながら、ひとりひとりがよい未来、あるいはよくない未来へと進んでいくのです。

最終的には、それぞれにこの世の人生の結果が出ますが、なかなかパーフェクトというわけにはいきません。それでもパーフェクトを目指すことは、非常に大事なことです。

「なぜ、私だけがこんな目に遭うのか！」と叫びたくなるようなことや、「なぜ、世の中はこんなにも不公平なのか」、「なぜ、みんなにできることが私にはできないのか」と恨むこともあるでしょう。それは、個々が受け継いでいる宿命が違うからです。

宿命とは、過去世における関係、たとえば親子関係、兄弟姉妹関係、友人関係、仕事の主従関係、さらに戦争などでの敵と味方の関係、事故、傷害、殺人などの被害者と加害者の関係等々、自分がどのようなことをしたか、あるいはどのようなことをされたかによって、これまでに輪廻伝承されてきたことです。

肉親の関係であっても、必ずしもよい関係とは限りません。親子でも殺し合いがあり、産んだわが子を殺めてしまうこともあります。

この世で兄弟姉妹に生まれ、同じ親、同じ環境のもとで育ったとしても、顔や姿はもちろん、性格や勉強の成績、趣味嗜好など、すべてにおいて同じということはありません。

それぞれが前世の因果関係によって、世界にひとつだけの魂の輪廻伝承を引き継いでいるからです。

あなたの人生は、あなただけの魂の人生なのです。

そのことを知り、理解し、本来の自分を見つけ、現実の人生でどのような行動をとって生きていくのか。その過程がとても大切なのです。

●魂は脳に宿る

一般に運命は変えられないといわれていますが、それは違います。

運命とは、自分の人生を自分で決定することだからです。そして、間違った決定をしないためには、自分の宿命と自分の運命をよく知り、よく照らし合わせながら進むことが必要になってきます。

宿命とは、性別、性格、人格、感性、感情といったもので、業《ごう》と呼ぶこともあります。あなたは、過去世のさまざまな出来事にまつわる業を引き継いで現世に生まれてきました。

肉体がなくなっても魂は永遠に生まれ変わります。何世代にもわたって引き継いできた業をこの世で改善し、より高い段階へと上がるという魂の役割を完結することが、私たちの使命なのです。

魂は脳に宿っています。過去世から受け継がれてきた業に対して、私たちはどのような言動を起こせばよいのか、魂は指示を送る役目を果たしています。

幼児は自己主張だけをします。この世における経験がほとんどないからです。特に赤ちゃんの場合は、経験はゼロに等しいでしょう。幼稚園でもほとんど変わりません。

小学生くらいから、だんだんと人間としての経験を蓄積できるようになっていきます。そして周囲の環境によって、蓄積する量も質も変化していきます。

業に対する魂の指示の受け止め方は、受け止める側の状態によって変わってきます。そして受け止め方によっては、言動が正しい方向と間違った方向に分かれます。

大人になるにつれて、魂の指示を正しく受け止められる人と、受け止められない人が出てくるのです。

なぜなら、大人になる過程において、大なり小なり欲と知識が増えてくるからです。欲と知識が邪魔をして、魂の声が聞き取れなくなってくるのです。

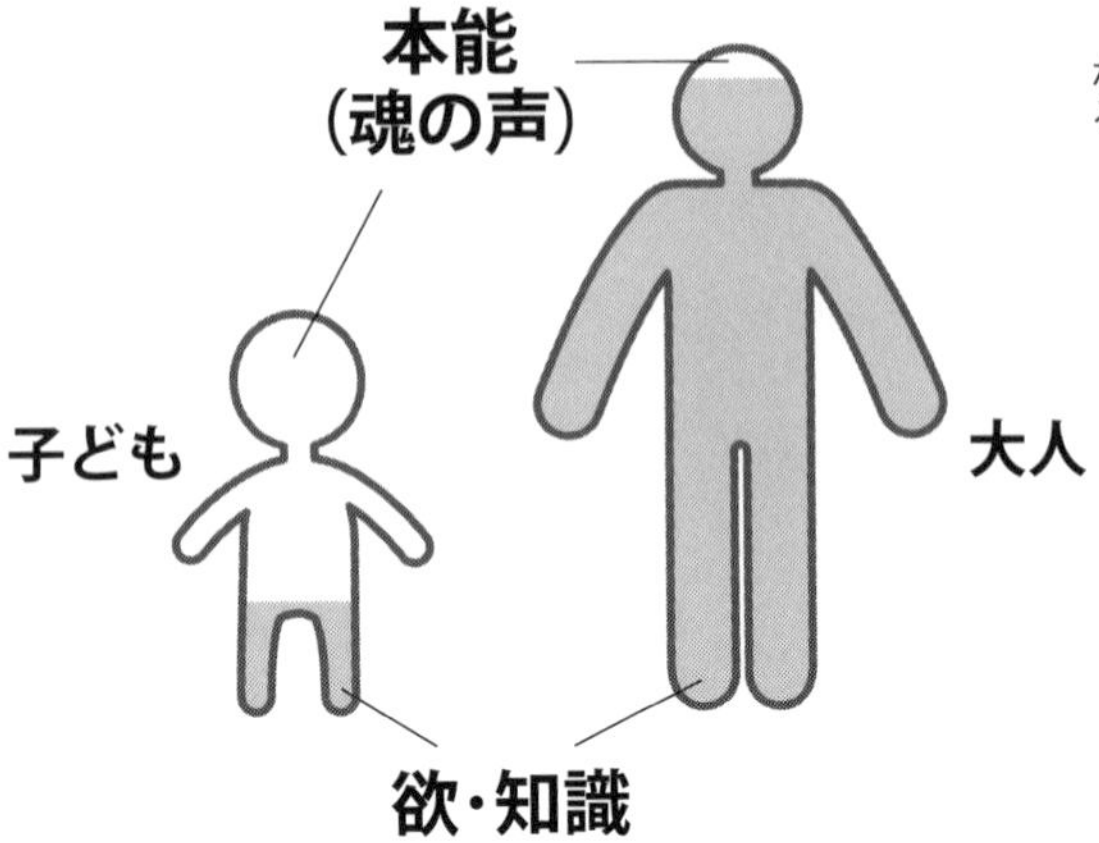

幼児から大人になるにつれて人間としての経験を蓄積し、だんだんと欲と知識による執着心が強くなって魂の声が聞き取れなくなる。

世の中が物質的に豊かになればなるほど、欲と知識による執着心もますます強くなり、魂の声を純粋に聞くことができなくなってきます。

ちなみに、生まれたばかりの赤ちゃんは、大人には見えないものが見えます。よく「天使の微笑み」といわれますが、赤ちゃんは天井を見ながら、おしゃべりしたり笑ったりしています。

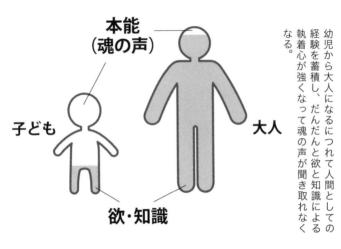

また、子どもたちが前世を語るといった話もよくあります。まだピュアな子どものときには、胎内にいたころの記憶さえあるのです。

基本的に子どもはみんな前世を覚えていますが、大人になるにつれて常識にとらわれて忘れていきます。でも、大人でも無の状態、純粋な状態であれば、普段は見えないものが赤ちゃんのように見えることがあります。

また、何かの大きなきっかけ、たとえば交通事故で車にぶつかったとか、臨死体験のような生命に関わるようなショックを受けたときに、いきなり前世の記憶が蘇ってきたり、超能力が現われたりすることもあります。

普段から見えないものが見えたりする人たちを、世間では「霊能者」といいます。「霊感がある人」ともいいます。本来、すべての人に霊感はあるのです。

霊感は第六感ともいわれますが、「何となく予感がする」という経験をされた人もいるでしょう。勘が鋭くなり、何となく答えがわかってしまうということもあるかもしれません。

霊能者とはとても勘の鋭い人であり、魂の声を聞き取ることができる人です。

また、霊能者と縁を持ちたいと思っている人や、霊的なことに興味のある人は、いずれは霊能者と縁があり、自分自身も能力者であることが多いのです。

魂の声は、常にピュアな白紙の状態の脳を持っている人には、はっきりと伝えてきます。しかし、執着心が強くなるにしたがって、声が聞こえにくくなってくるのです。

欲や執着心が強ければ強いほど、本能（魂の指示）が退化し、簡単な問題が難題になってしまいます。

でも、それも仕方がないのかもしれません。今の世の物質社会は、人間の欲のために自然を壊し、人間の欲のために作り上げた社会です。

生活の環境やシステムがどんどん変化していく社会の中で、本来の自分を見失わないで生きていくことはなかなか難しいことでしょう。

しかし、本来人間には、自分に必要なことは自分で正しく判断できる能力が備わっているのです。

たとえば、食事でも仕事でも何でも、体によくないことであれば、これ以上続けていけばこうなるだろうということは、必ずどこかで感じ取っています。

問題は、自分が正しい判断を下せる状態や状況にあるのかどうかということです。正しい判断を下せるということは、魂の声を聞くことができるということです。脳に宿っている魂が教えてくれるのです。

人間には左脳と右脳があります。左脳は知識の領域で、この世の「物語」を作っていきます。この世の自分の人生を創造していくわけです。

右脳は感性の領域です。右脳が発達している人は、魂の「教え」を感じ取ることができるのです。

よく、「なるようにしかならない」という言い方をしますが、それは実際には、自分が自分の運命に従っているかどうかという問題なのです。

「どうせなるようにしかならないのだから、どっちでもいいよ」と言うときは、だいたい知識で判断しています。「どっちでもいい」という判断は、知識からくるからです。

たとえば同僚とランチなどで、洋食にしようか中華にしようかと迷ったときに、「どっちでもいいよ」と言うのと、「今日は中華にしよう」と言うのとの違いです。

その違いがわかりますか？

「どっちでもいい」と言う場合は、実際はどちらにしてよいのか、自分では判断ができなくなっている状態なのです。

本来であれば、自分の体の状態やバランスなどを感じ取って、どちらを選べばよいのか自然とわかるはずなのですが、本能や感性が鈍っているのです。

だから、「どっちでもいい」と言ってみたり、「中華のほうがランチ代が安いから」

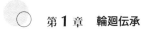

とか、「洋食の店は遠い」とか、「今の時間は混んでいるから」とか、ああだこうだと理屈をつけて、情報や知識に頼って判断しようとします。

食事に限らず、自分の職業を選ぶにしても、結婚相手を選ぶにしても、引っ越す部屋を探すにしても、本来は自分に合った判断を誰もができるはずです。

自然界であれば、スズメのオスが100羽、メスが1羽いるとすると、メスは100羽のオスの中から、自分に合ったオス、子孫を繁栄できるオスを1羽選ぶことができます。

そういう能力が人間にもあるのです。その能力が今、物質社会の中で衰えてきています。人間がおかしくなっているのです。

だから、占いの本が売れるのでしょう。占いや占い師に頼るのではなく、輪廻伝承の意味や、第2章で説明しますが、自分の魂には色（カラー＝個性）があることがわかれば、自分に合った行動を選択していくことができるのです。

そうすれば、メディアの情報や人の意見に惑わされて、自分に合わない仕事を選んでは転職を繰り返したり、自分にふさわしくない相手と結婚して、3組に1組が離婚するようなこともなくなるのではないでしょうか。

一度、リセットする！

自分に合っていないこと、自分にふさわしくないことは、自分にとってはよくないことです。

私たちは、自分に合っていることをしなければなりません。つまり、この世では自分に合っている仕事をしなければならないのです。

それが、この世の自分の役割でもあります。

今、この本を読んでいるあなたは、なぜプロレスラーになっていないのですか？　どうして大工さんにはならなかったのですか？　なぜ、アイドル歌手ではないのでしょうか？

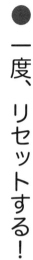

職業は何でもよいのですが、その人に対して、「なぜ○○になってないのですか？」と聞いた場合、○○の中には、その人が今まで想像すらしなかったような職業の名前を、たくさん入れることができると思います。

私たちは無意識のうちに、自分の趣味や好ききらい、自分の体格やルックス、そのほかいろいろな環境や条件と照らし合わせて、自分の職業はこれじゃないかな、あれじゃないかなと当てはめているのです。

だから、自分に合わないような突拍子もない職業は、基本的には考えに浮かんでこないようになっています。これは誰にでも備わっている最低条件の能力ともいえます。特別なことではありません。

マスコミなどではよく、「努力をすれば夢が叶う」という言い方がされますが、私は好きではありません。叶うわけがないからです。もし叶うとすれば、自分にふさわしい職業を選択した場合だけです。

たとえば、時のオリンピックで日本が卓球でメダルを獲得したとなると、親がみんな子どもに卓球を習わせはじめます。

テニスが流行ればテニスをやらせます。ラグビーならラグビー、レスリングならレスリングと、体の強くない子どもにもさせてしまいます。

そういうスポーツに合っていない子ども、ふさわしくない子どもは、必ずケガをします。その子どもに合わないから、それを止めさせようという力が働くからです。「危ないから止めなさい」ということです。だから、途中でケガをさせたり、病気にさせたりするわけです。

みんなが同じような練習をしていて、なぜ、その子どもだけがケガをするのでしょうか？　ケガくらいですめばよいのですが、もし命に関わることになったら、親はどう責任を取るのでしょう？　それは、その子の寿命でも何でもありません。

第三者の単なるエゴです。

野球でいえば、たとえばイチロー選手というのは、本当に野球が合っているわけです。合っているから、ほとんどケガもなくあそこまでできるのです。

ケガをするということは、何かしらの「お知らせ」の場合が多いので、そこで気づいてほしいと思います。

自分に合っていることをしている人は、努力をしなくてもスムーズに進みます。すべてタイミングが合うのです。とんでもない問題というのは、ほとんど起こりません。

逆に、それが自分に合った仕事でなければ、いくら努力しても成功することはできないでしょう。

もしプロのテニスプレイヤーになりたいと思って、一生懸命に努力していてもなれないとすれば、いったん立ち止まって、どうして自分はプロのテニスプレイヤーにな

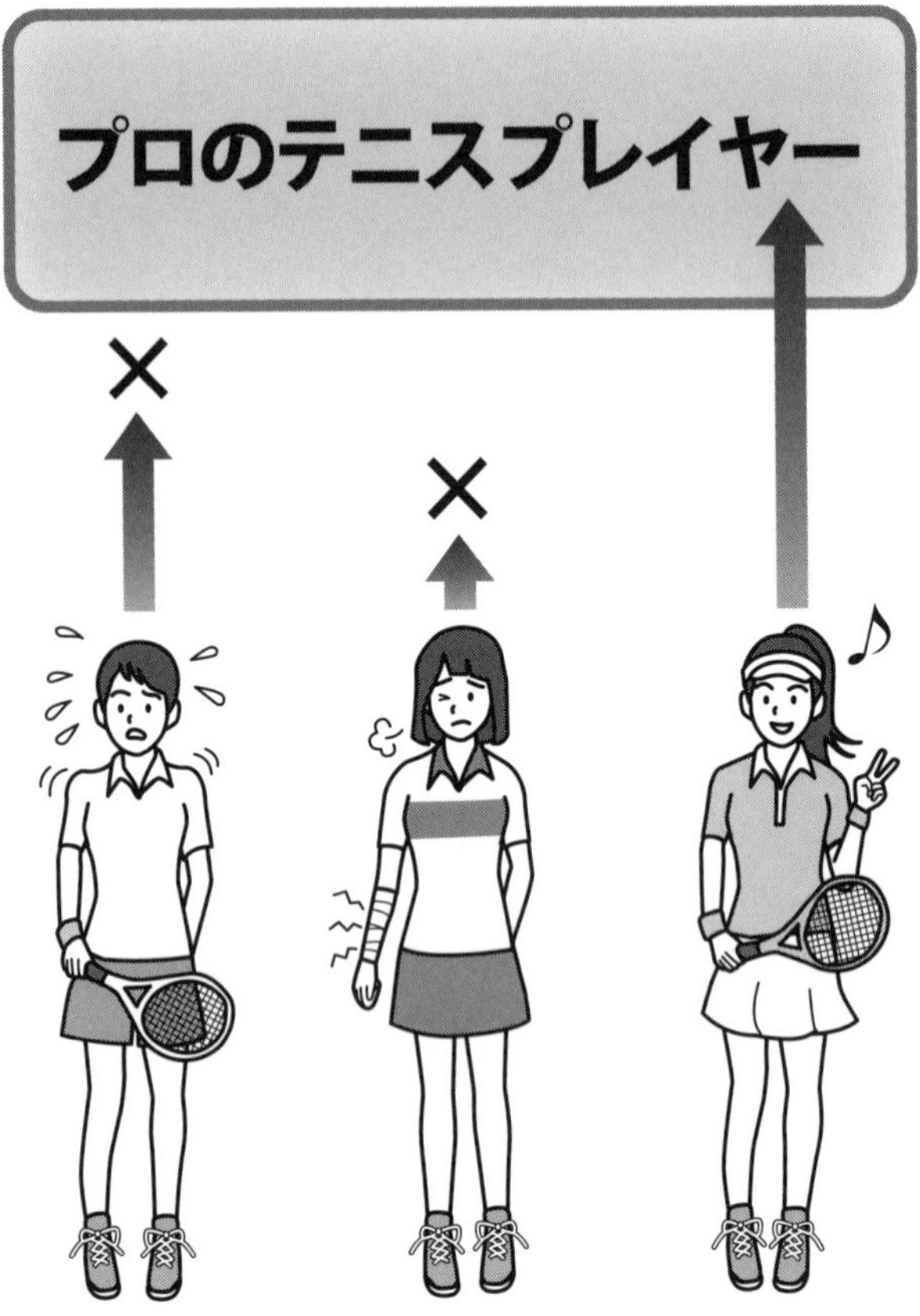

プロのテニスプレイヤーが合ってる人は、努力をしないでもスムーズになれるが、合ってない人はケガをしたり、いくら努力してもなれない。

れないのかと、一度見直すことが大事なのです。

そこに気づくことが「リセット」です。

でも、ほとんどの人はなかなか自分では気がつかないので、私は「リセッター」としてお手伝いをしているわけです。

メディアの問題も大きいでしょう。マスコミでは話題性のあるスター選手など、華やかな部分だけがクローズアップされることが多いですが、ものごとには必ず表の部分と裏の部分があります。

才能に恵まれているスポーツ選手でも、裏では、それこそ厳しい練習に耐えている人がほとんどです。単純な努力というレベルではなく、自分のやるべきことをさらに高い段階に上げるという、いわば使命感からくる努力です。

メディアはスター選手たちのそういう面も伝えて、親や子どもたちに教えなければいけません。

そして親たちは、マスコミの情報やブームに安易に踊らされるのではなく、自分たちの子どもが厳しい練習に耐えられるのかどうか、しっかりと見極めていかなければならないのです。

努力して夢が叶うのなら、ほとんどの人が叶っているでしょう。10年、20年、30年と努力して、30年後にやっぱりダメだったとわかっても、どうしようもありません。もっと早い段階でリセットをすることが必要なのです。

私は今の仕事に入る以前、飲食関係の事業をしていました。いくつものレストランを経営し、それなりに大きく展開していたのです。

でも、私自身は、実はそれほど飲食関係に興味があったわけではありません。本当に好きでやっていたわけではなく、何となくそうなったというだけの話です。

これは自慢話でも何でもなく、料理もそうですが、創造力というのは、その人が生まれながらに持っているものです。センスなのです。いくら努力してもセンスがない人にはできないし、センスがある人にはできてしまうのです。

極端にいえば、自分に合ったことであれば努力はいりません。

言い方を替えれば、はたからは努力をしているように見えても、本人にとっては努力でも何でもないのです。

できないことをやろうとするから、みんな努力をするのです。

非情な言い方に聞こえるかもしれませんが、たとえば料理人になるセンスがない人がいくら努力しても、大きなお店の料理長になるなど、料理人として大成功することはかなり難しいでしょう。

そのことを知らないばかりに、何十年もかけて努力を続けてきた結果、「ああ、やっぱり自分には向いてなかった」と思うとしたら、それまでの努力はいったい何だったのでしょうか？

サラリーマンの人たちも同じです。１００人が同時に入社しても、出世してどんどん上に上がっていく人もいれば、万年平社員の人もいます。

どうしてでしょうか？　平社員の人たちは、みんな努力をしない怠け者ばかりだったのでしょうか？

日本には、努力をしなければいけないという風潮があるように感じます。海外では個人の能力を評価して、個人の能力を高めていく方向に向かいますが、日本では全体を平均的に高めていくという傾向があるようです。

自分に合ったもの、自分に長けているものを見つけて、一生懸命に努力して、その世界の頂点に立った人は本当に素晴らしいと思います。

ただ、「がむしゃらにやればいい」とか、「努力すれば夢は叶う」などと安易に言うことは、無責任であるばかりでなく、人を迷わせることになるでしょう。

いずれにせよ、今、何となく思うようにいかない状態であれば、できるだけ早いうちに一度リセットして、自分には何が合っているのか、自分にふさわしい仕事は何なのかを見直し、違う道を探すことが大事です。

先ほども言いましたが、私はもともとはレストラン事業をしていましたが、あるきっかけがあって、わけもわからずに今の仕事をはじめました。

するとたまたま最初にキャビンアテンダントの人が訪れて、医者にガンだと言われて今度手術をするのだけれども、一度みてほしいと言いました。

私は、手術の日までの2週間ほど彼女をみましたが、手術をしてみたらガンが消えていたと言うのです。そこから噂が広まって今にいたるわけです。

だから人の宿命というのは、見えない力が働いて、段階を追いながら、その人に必要なところまで導いていくのです。

たとえば建築の世界でいえば、その人の宿命が大工さんなのか、大工さんでも棟梁までになれるのか、あるいはさらに建設会社を興すのかなど、人によって違います。ひょっとしたら、政治家になって国土交通大臣にまでなる宿命なのかもしれません。

でも、自分が大工さんなら大工さん、棟梁なら棟梁、社長なら社長、大臣なら大臣と、それぞれの役割が自分にはふさわしいと本当に思っているのなら、それがこの世のその人の魂の役割であり、自分の役割を完結したことになるのです。

その人がもっと上の段階へいくべき宿命を持っていたとすれば、自然に持ち上げられる力が働くのです。

本人は努力とは思っていないかもしれませんが、どんどん上へと昇っていくことができます。誰かが出資して経営をまかせられるとか、そういうことが起きるのです。必ずきっかけを与えられます。

でも、自分に合っていない仕事をしている人は、いくら努力しても上には上がれません。そういうきっかけも与えられないからです。

極端にいえば、すべては決められているといってもよいかもしれません。前述したように、なぜプロレスラーにならなかったのか、なぜアイドル歌手になっていないのか、ということです。

つまり自然に、自分の中でなりたいもの、考えもしないものが決まっているわけです。それは偶然ではありません。必然です。

だから、今の仕事の調子がわるくなってきても、今している仕事関係から離れられないとすれば、それが本来の仕事である可能性は高いわけです。

もちろん逆もあります。今まで考えたこともないような仕事に就いて、初めて自分の天職に気がついたということもあるでしょう。

その場合、その人はそれまではメディアの情報に惑わされたり、人の意見に従って盲目的に仕事を選んできたのかもしれません。

たとえばプロのスポーツ選手でも、試合中や練習中に大ケガをしてしまうことがあります。もし、そばに誰かがいて、「あなたは向いてませんよ」と言ってあげたら、大ケガをしなくてもよかったのかもしれません。

同じスポーツ業界でも、メインのレギュラー選手以外にも、世話役や事務方などいくらでも仕事はあります。

でも、やはり人には欲があるので、スポットライトが当たるポジションがほしくなるのです。そして、そのポジションを獲得しようと無理をします。

無理をすればストレスを抱えたり、ケガをしたりします。もともと獲得できる人には無理は必要ないのです。

どの業界でも同じです。仕事がイヤでイヤでしょうがないと思いながら、毎朝出勤する人もいます。仕事がなかなか終わらずに、毎晩徹夜する人もいます。

もし、あなたの同僚に、毎晩徹夜で遊び回って寝ずに会社に来ている人がいれば、「いつか体を壊してしまうよ」と声をかけるでしょう。それがリセットなのです。

だから、リセットというのは特別なことではありません。一度立ち止まって、自分を見直すということです。

でも、そこで方向転換をしたほうがよいとわかったとしても、ほとんどの人はなかなか行動に移すことができません。お金の問題やいろいろなしがらみを考えて、実行できなくなってしまうのです。

また、会社でも創業者の二代目、三代目でおかしくなるケースがあります。その会社の仕事が自分に合っていれば問題ないのですが、合っていないのに無理に社長をやらされれば、当然身も入らないし、ちぐはぐなことをやってしまいます。

また逆に、実力がないのに見栄や欲望だけで社長の椅子に執着する人が、業績を上げられるはずもありません。

たとえば私にしても、プロ野球の選手や雑誌の編集長になりたいと思ったとしてもなれません。でも、なれる人というのは、なりたいと思ったら行動を起こします。自然とそうなるのです。

ただ、そこでいろいろと欲が絡んだり、執着したりして魔が入るから、さまざまな問題が生じてくるのです。迷ったり、悩んだりするのです。お金や物に執着すれば、お金や物に泣かされることもあります。

だからこそ、リセットが必要なのです。

自分が今していることは、果たして本当に自分に合っていることなのか、一度立ち止まってリセットする必要があるのではないでしょうか？　本当の魂の声を聞き取ることが必要なのではないでしょうか？

そして、自分の人生を決定し直し、自分の言動を自分自身で判断しながら進めていくことが必要なのです。

あなたは、世界にひとりしかいないのですから、自信を持って自分の背負っている宿命を引き継ぎ、業を改善し、この世の魂の役割を完結していくことを私は願っています。

ベストのタイミングは一度しかない！

次頁の図のように、ピラミッド型の社会の中で、A、B、Cと3つの層の人間がいるとします。これ以上いくと、法律に触れて逮捕されてしまうというボーダーラインがあります。

Aはラインの上下をウロウロしています。Bはラインの少し下、Cはラインのはるか下の底辺にいます。

Cの人はBから見れば頭が固く、融通のきかない人です。逆にCからBを見ると、Bは不真面目でいいかげんな人となります。Aは法律に触れるギリギリのところで楽しく生きています。

そしてAから見れば、BやCの人生がもったいないと映ります。「何でそんな人生を送っているのか、もっと自由に楽しめばいいのに」と思うわけです。

極端にいえば、これが今の社会のすべてです。この世は私を含めて、Cの人がほとんどなのです。Aの人は少ない。Aのいる領域へCの人を連れていくと、どうなるの

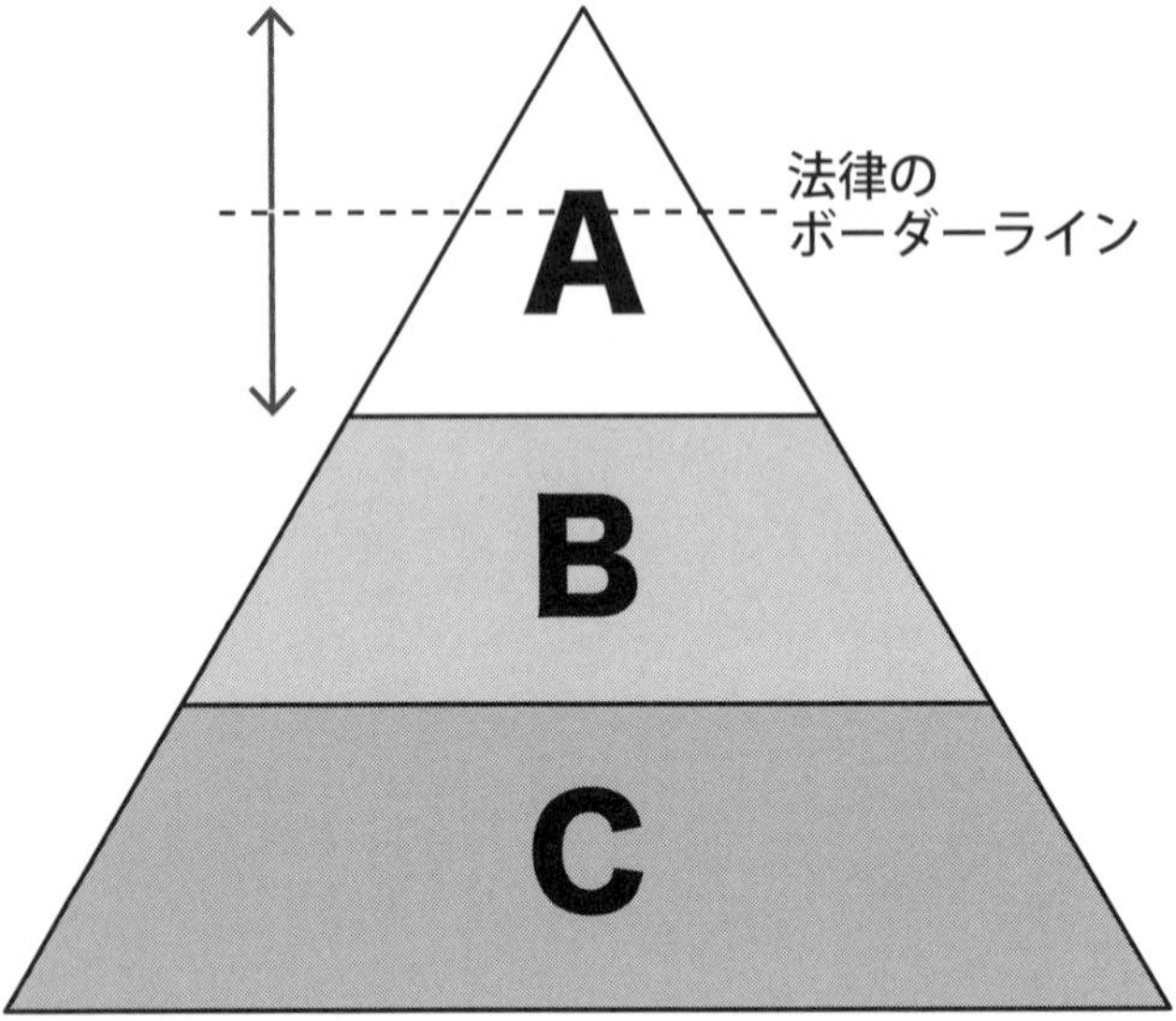

社会はピラミッド型になっており、A、B、C３つの層の人間がいる。Aは法律のラインの上下をウロウロし、Bはラインの少し下、Cはラインのはるか下にいる。Aの数は少ないが、社会的には大金持ち。Bはそこそこのお金持ち。Cの数が一番多く、一般の庶民。

でしょうか？　今までCが被っていた殻が、何枚も何枚も破られていくことでしょう。

Aの人の数は少ないですが、社会的には大金持ちの人が多いのです。Bの人はそこそこのお金持ち、Cの人は一般の庶民です。

多少、過激な言い方になりますが、私はCの人たちに、どれだけAに近づくことができるのか、ということを説明しているようなものです。

なぜならそれは、自分はなぜこの世に生まれてきたのかということを、Cの人たちによく理解してもらうことにつながると思うからです。

Cの人たちの大半は、いろいろなものにすがってしまう傾向があります。自分を委ねてしまうのです。そうすると、そういう関係からなかなか抜けられなくなります。

宗教というものにも同じ部分があります。宗教戦争では、犠牲になるのは一般の人たちばかりです。上層部の人たちには大した被害は及びません。

こうした図式、構図を教える人が必要なのです。

私はなぜ、自分のことを霊能者やヒーラーではなく「リセッター」と呼ぶかというと、輪廻伝承の意味を説明し、たとえばその人が病気であったり、事故を起こしたりしていれば、その根本的な因果関係を説明して、一度リセットをかけて、その人に合った運命に変えていくお手伝いをしているからです。

たとえば、あなたは過去世ではこういう人間で、こういうことがあったということを説明すれば、おのずと現世ではどのように生きていけばよいのかということがわかります。

そして、自分はどういうふうに進学し、どういうところへ就職するべきなのか、そういうことが自分で判断できるようになるのです。

自分の歩むべき道がわかっていれば、苦労する必要はありません。

苦労は何のためにするのでしょうか？

自分には合っていないもの、自分にはふさわしくないものを求めるから、苦労するのです。

成り行きであれ、勘違いであれ、強制であれ、人まかせであれ、いきさつはどうであれ、自分本来のものではないものを求め、そして得られないから苦労するわけです。

自分本来のものではないのだから、そう簡単に得られるはずもありません。

だからこそ苦労もするし、場合によっては事故に遭ったり、ケガをしたり、病気になったりするわけです。

欲が絡んだり、執着したりするからさまざまな問題が生じ、迷ったり、悩んだりする。一度「リセット」して、自分の宿命を知り、宿命を完結させるために自分の命を運んでいくことが運命である。

人はそれぞれに寿命があります。そしてたいがいは、亡くなったあとに「ああ、あの人は寿命だったんだな」と言うのです。

私から見ると、それはその人の寿命ではない場合が多いので、「ああ、あのときにこうすればよかったのに」と思うわけです。寿命という言葉は、最後のなぐさめの言葉になってしまっていて、その人本来の寿命とは関係がないケースが多いのです。

みなさんは、単純に生まれてから死ぬまでの期間を寿命と言いますが、そうではありません。結果として寿命という言葉を使っているだけで、本来はまだまだ生きることができる場合が多いのです。

寿命というのは運命のことであり、運命というのは、自分自身が原因と結果を作りながら自分の命を運んでいくということです。つまり運命とは、生まれてから自分が何をしてきて、これから何をしていくかということなのです。

私たちは自分の道を、ときどきリセットしながら歩んでいかなければなりません。それが永遠につながることなのです。

リセットは何回でもできますが、それぞれのタイミングでベストのリセットというのは一回しかありません。一番よいタイミングというのは一回しかないのです。

でも、個人的なセッションなどで、その人のリセットのタイミングをお伝えしても、「その日は大事な用事があるので、二番目によいときはありますか？」と聞く人がいます。たしかに100%のタイミングの次として、70%や60%というのはあります。でも、ベストのリセットは一度だけです。二度とありません。

なぜなら、「去年のその時間をもう一度戻せ」と言うことと同じだからです。そのときは30歳でも、今年は31歳です。31歳でリセットしても、30歳のそのときとは違います。だから、ほとんどの人が「あのときにやっておけばよかった」と言うのです。

リセットできる人は、必ず結果が生まれます。できない人は、常に時間に流されていきます。時間に追われるのです。私はそういう人たちをたくさん見てきました。

どうしてリセットしないのだろうかと思います。「今すぐにでもできますよ」と思うのです。でも、ほとんどの人がいろいろな理由をつけて、その日はできないと言います。そして「二番目によい日はどこですか？」と聞くのです。

二番目というのはありません。100%はそのタイミングしかないのです。でも、ほとんどの人は、そのタイミングを自分の都合でずらしてしまいます。今の仕事に追われて、時間に追われていくのです。

人は自分で自分をダメにしていってしまいます。他人のせいではありません。その人が輪廻伝承してきた内容にもよりますが、20歳で自分に合った仕事に就くこともあれば、60歳を過ぎて自分の天職を見つける人もいます。

自分に合った生き方というのは、最終的には自分が選ばなければならないことであり、それぞれに選ぶきっかけがきます。

私はリセッターとして、そのお手伝いをしているわけです。リセットは早いほうがよいですし、必要であれば何度でもリセットすればよいのです。

●霊能者の役割とは？

人はよく神社などで願いごとをします。その内容はだいたい仕事関係、健康関係、金銭関係、恋愛関係、受験関係などでしょうか。

自分の魂が過去世から伝承してきた宿命がわからないから、お願いをしにいくわけです。この世で起きる現象はすべて因果関係によるものなので、もし問題が起きたとすれば、必ずその原因があります。過去世に原因があり、その原因がこの世の原因を作ったりしています。

そういうことがわからないから、ほとんどの人が迷ってしまうのです。

まず、根本的な原因を知らなければなりません。神頼みをしたり、占い師に相談したりしても、根本的な原因を自分自身がしっかりと理解していないと、またすぐに迷ったり、悩んだりすることになります。

親が子どもを叱るときによく、「バチが当たるよ」と言いますが、あくまでも親の勝手な言葉、都合のよい言葉でしかありません。

バチが当たるとはどういうことなのか、ちゃんと説明できなければいけません。友だちのオモチャを奪ったら、今度はいつか自分が奪われることになります。誰かを叩けば、いつかは叩き返されるかもしれない。

原因があるから結果が現れるわけです。

そういうことを子どもに説明してあげればよいのですが、「ほら見なさい、バチが当たった」と言うだけでは、子どもはなかなか学ぶことができません。「バチが当たる」

ではあまりにも抽象的すぎるし、「ほら見なさい」なんてことは誰でも言えます。そういうことをすると、あとでどういうことが起きるのか、最初から具体的に教えてあげるべきです。

言葉はすべて「都合」なので、あとからいくらでも理屈が言えます。「あなたがこうなったのは、あなたのあれがわるかったのだ」等々、結果が出たあとでは、いくらでも言えることがあります。

そうではなく、わるい結果が出る前に、「このままだと、こうなるよ」ということを教えてあげれば、人は気をつけるようになります。病気の場合などは特にそうです。

私の仕事はそういうことなのです。よいことはあまり言いませんが、よくないことはよいことは伝えます。「病気になりますよ」と言えば、病気にならないように気をつけるでしょう。よいことを言っても、誰も気をつけたりはしません。

よいことというのは、耳には心地よく響くかもしれませんが、現実的にはその人のためにはなりません。

この世に生まれてから死ぬまでの間に、自然と自分の宿命を解消することができ、自分の魂の役割を完結して人生を終わりにすることができればよいのですが、なかなかそう簡単にはいきません。

輪廻伝承は、過去世でやられたことをやり返す、たとえば殺されたから殺し返すというような、人間のもともと持っている強い念に関係していることが多いのです。

そのことを教えて、その人自身が自分で完結していくように導かないと、私のような者が存在している意味はありません。

私は、「イヤな目に遭ったら絶対に忘れてはいけない」と言います。一般的には、「忘れなさい」と言います。私は「忘れるな」と言うのです。そして、「自分は同じことをするな」と言います。

自分が過去世でしたイヤなこと、されたイヤなこと、それを忘れないために、イヤな念を現世に持ってきているのです。それが輪廻伝承であり、宿命なのです。それを忘れてしまったら成長しません。忘れるということは、宿命に反することです。

過去世の因縁、宿命によって、この世で誰かを傷つけたい、殺したいという気持ちを持ったとしても、そういう自分を諌めて、戒めなければなりません。

そのときに輪廻伝承の意味がわからなければ、そういう気持ちを抑えることができません。どうしてそういう気持ちになるのか、理由がわからないからです。

日常のちょっとした不平不満ならともかく、輪廻伝承に関わることは、宿命をないがしろにした言動をとり続けていると、その場その場で伝承されてきた感情がふと表面に現われてきて、必要以上に問題を引き起こしたりします。

そうならないためにも、イヤなことはきちんと心に刻んでおけば、いざというときでも冷静でいられます。いつも平常心でいられるのです。

この世においては、たとえば誰かにいじめられたことがあったとしても、自分は人をいじめないようにすればよいのです。そこで止めなければなりません。輪廻伝承されてきた宿命を解消していくのです。

霊能者たちというのは、「あなたは、そっちのほうへ行ってはいけませんよ」、「あなたは、こうしたほうがよいですよ」と教えている人たちです。そういうことがわかるから、教えているのです。

本来、霊能者というのは、そういうことを人々に教えるためにいるのです。それ以外に、霊能者が存在している理由はありません。

21世紀に入って世界を見わたしてみても、殺人や戦争がいっこうになくなりません。もう人類に輪廻伝承されてきているよくないことは、一度リセットされなければならないのではないでしょうか？

霊能者といわれる人たちは、もっと率先してどんどん活動していかなければならないのではないでしょうか？　まず日本から、世界を変えていかないとならないのではないでしょうか？

一般に、霊能者同士は仲がわるいとされています。自分が一番だと思っているからだといいます。また、能力もないのに高いお金をとっているとか、インチキとか詐欺とか、いろいろと問題もありますが、本書ではそこまで論じる紙幅がないので別の機会に譲ります。

仲がよいかわるいかはともかく、重要なことは、霊能者たちが何を目的としているかです。個人個人の相談を受けて、その人たちの人生がよい方向へ向かうようにお手伝いするだけなのか、そこからさらに世の中がよくなるように考えていくのか。

私は大きな地震が来るときには、地震のエネルギーを散らすようにしているのですが、そのときにいろいろな霊能者に電話をして、誰か一緒にできる人を探します。すると、ほとんどの人ができないと言います。

「では、何ができるのですか？」と聞くと、それぞれに予知や透視、ヒーリング、リーディングなど、いろいろあるようです。

日本に霊能者といわれる人は何人くらいいるのでしょうか？

実際、私は自分自身が本当に霊能者なのかどうかもわかりません。本物の霊能者という人がいれば、みていただきたいくらいです。

たとえば仏教は、お釈迦様が説かれた教えのことだと思いますが、お釈迦様はこの世に肉体を持って存在していません。お釈迦様が説いたといわれる教えが伝わってきて、それを学んでいる人たちがいるということです。

私の前世は修行僧です。山の洞窟のようなところで亡くなっているのですが、その人にずっと伝承されていることを私は話しているわけです。それは、いわゆる神社仏閣ができる以前から伝わっていることです。

私自身、どうしてこういうことを説明できるのかがわかりません。

私は私自身に伝承されたものを受け継いで、20年以上いろいろな人の相談を受け、その人たちの宿命を解消していくお手伝いをしてきました。それが私の宿命だから、それをやっているというだけなのです。

決して私が特別であるということではありません。もし私が特別だとすれば、すべての人が特別です。

私は自分をリセッターと呼び、輪廻伝承を説いて、「よくない伝承は、いいかげんにもう終わらせましょう」と説いているわけですが、私には師匠も先生もいないので、伝承されたものをそのままお伝えすることしかできません。

私は、本当に自分の思うがままにやってきました。わかることがわかるだけなのです。ほかの人との比較もできませんし、本も読んだことがないので、いわゆるスピリチュアル的な情報や知識などもまったくありません。

周囲の話を聞いていると、最近は宗教系というのか神道系というのか、神様系の霊能者や、あるいは宇宙人と交信をしている人が多いように感じます。

いずれにしましても、本物の霊能者という人たちがいるのなら、私は早く世の中にどんどん出てきてほしいと思います。

今や世界は、ただ単に「あなたはこうなります」、「こういうことに気をつけてください」と言うだけでは、もうすまなくなってきています。

輪廻伝承の意味をしっかりと理解して、この世を生きていかなければならない時代に入ってきたのです。

●「わかる」ということ

先日、知人から電話があって、急に胸が苦しくなったと言います。「どうなってしまったんだろう」と聞くので、私は「いや、背中がめちゃめちゃ凝ってるんだよ」と言いました。すると、「実はそうだ」と言います。

私が「そんなのはマッサージに行けば治るから、行ってくれば」と言うと、「実はもう行ってきた。相当に凝っていると言われた」とのことです。

マッサージをしたら治ったけれども、まだ何となく心配だから電話をしてきたというわけです。

そして友人は、電話で話しただけで、どうして背中が凝っていることがわかるのかと不思議がっていました。

私に言わせれば、不思議でも何でもありません。

たいていの人は、相手の体を触れば凝っていることくらいはわかります。でも中には、体に触れなくてもわかる人もいます。そして、体に触れないで治すことができる人もいるわけです。ただ単に、そういうことです。

「わかる」ということは、別に特別なことではありません。私はたまたま、「わかる」という部類の人間だったということです。

「わかる」ということは本能です。直観です。それしかありません。

ある外国の医師の奥さんは、何十年も偏頭痛に悩まされていて、毎日薬を飲んでいました。相談を受けましたので、私が施術をすると一回でよくなりました。

すると今度は、その医師が「自分もみてほしい」と言ってきました。医師はガンでした。その医師はれっきとした西洋医学の医師ですから、霊能力やヒーリングなどは信じません。

でも、それでよいのです。何十年も病院に通って、薬を飲んでも治らなかった奥さんの偏頭痛が、一回の施術で消えてしまった。だから一応、自分も試してみようかということです。

この世には科学では解明できないことが、まだまだゴマンとあります。薬を飲んでも注射を打っても治らなかったものが、薬も注射も使わないでよくなってしまう。そういうことがあるのです。

だから私は、ガンになったという芸能人などの報道を見ると、「近くに霊能者やヒーラーの人はいないのかな」とつい思ってしまいます。

もし、本人や周囲の人が西洋医学だけを１００％信じていたら、ほかにはもう治療する手立てがないと思ってしまうわけです。

西洋医学はもちろん必要ですし、重要ですが、私はもっともっと視野を広げてほしいと思います。西洋医学だけではないということに気づいてほしいのです。

「気づき」という言葉は、スピリチュアルの世界でもよく使われますが、そんなに難しいものでも特別なことでもありません。シンプルで、当たり前のことです。

でも、ほとんどの人は、いろいろな情報や知識で頭をいっぱいにしているから、その当たり前のことに気がつかないのです。

この世の情報や知識もそうですが、過去世から伝承してきているそれぞれの宿命や業も、その当たり前のことを気づきにくくさせています。

いろいろな情報や知識にとらわれないようにしてください。

そうすれば、当たり前のことに気づいていきます。魂が教えてくれるのです。それが自分の本能であり、直観です。直観が磨かれれば、いろいろとわかってくるのです。

以前も、ある女性の相談者に会ったとき、「あなたは匂いのついた象を持っていますね」と言うと、「何でわかるんですか？」と言って、バッグから袋を取り出して、中からお香の入った象のフィギュアを出しました。

そういうことがどうしてわかるのか、私にもわかりません。ただ、本能や直観でわかるということはわかります。

だから、わかっている人たちというのは、わからない人たちにいろいろと教えなければならないのです。いわゆる「上から目線」とか、傲慢ということではなく、輪廻伝承の中で、魂が完結してきた内容がそれぞれに違うということです。

あることを完結してきたAという魂が、まだ完結していないBの魂に教えてあげるということなのです。もちろん、BがAに教えることもあるでしょう。

だから、よく心が広いとか狭いとか、考え方の幅があるとかないとかいわれますが、それはこれまでの魂の経験によることなのです。

いくら説明しても理解できない人もいれば、すぐにわかる人もいます。読者の方でも、「大したことでもないのに、どうしてこの人はわからないのだろうか」と、不思議に思った経験があるはずです。

私たちはそれぞれ、過去世で完結させてきた内容が違うのです。いろいろなことをたくさん完結させてきた魂なのか、まだそれほど完結させていない魂なのかということです。

そして、完結させてきたことが少ない魂のほうが、この世には圧倒的に多いわけです。だから、一を聞いて十を知るというタイプの人が少ないのです。

たとえば、いわゆる頑固な人がいるとして、人がいくら注意しても聞かなかったとします。でも、注意されたとおりのことが起きて初めて、「ああ、言われたとおりになってしまったな」と思うわけです。

でも、それは透視能力でも予知能力でも何でもなく、注意した人は過去の自分の経験をもとにして注意しただけです。

霊能者の人たちの助言も同じです。

過去世からの輪廻伝承によってわかっていることがあるから、助言をするわけです。

また、たとえば霊能者がある人に、「このままだとこういうことになってしまうので、そうならないようにこうしてください」と言ったとします。

その人が注意を聞かずにそのままでいて、あるとき本当にそのとおりになったとします。すると、そのことがその霊能者の評価になったりすることが起こるのです。

これはおかしなことです。霊能者は、その人によくないことが起きないようにと注意をするわけですが、その注意を聞かないで、実際にそのとおりになってしまったことで、かえってその霊能者が評価されてしまう。

逆にいえば、ちゃんと注意を聞いて何ごとも起きなければ、その霊能者の評価にはならないわけです。むしろ本人が、必要以上に自分の心がけがよいとか、体が丈夫だからとか、運がよいと過信することにもなってしまうかもしれません。

私は別に霊能者を評価してほしいと言ってるのではなく、なかなか信じられなくても、非常識だと思ったとしても、霊能者といわれる人に注意されたことは一応、心に留めておいてほしいと思うわけです。

信じる必要はありません。ただ、そういうこともあるかもしれないから、ちょっと気をつけておこうと思えばよいのです。そしてよくないことが何も起こらなければ、それでよいのです。

でも、ほとんどの人が、「ああ、本当に言われたとおりになってしまった。ちゃんと注意を聞いておけばよかった」となることが多いのです。

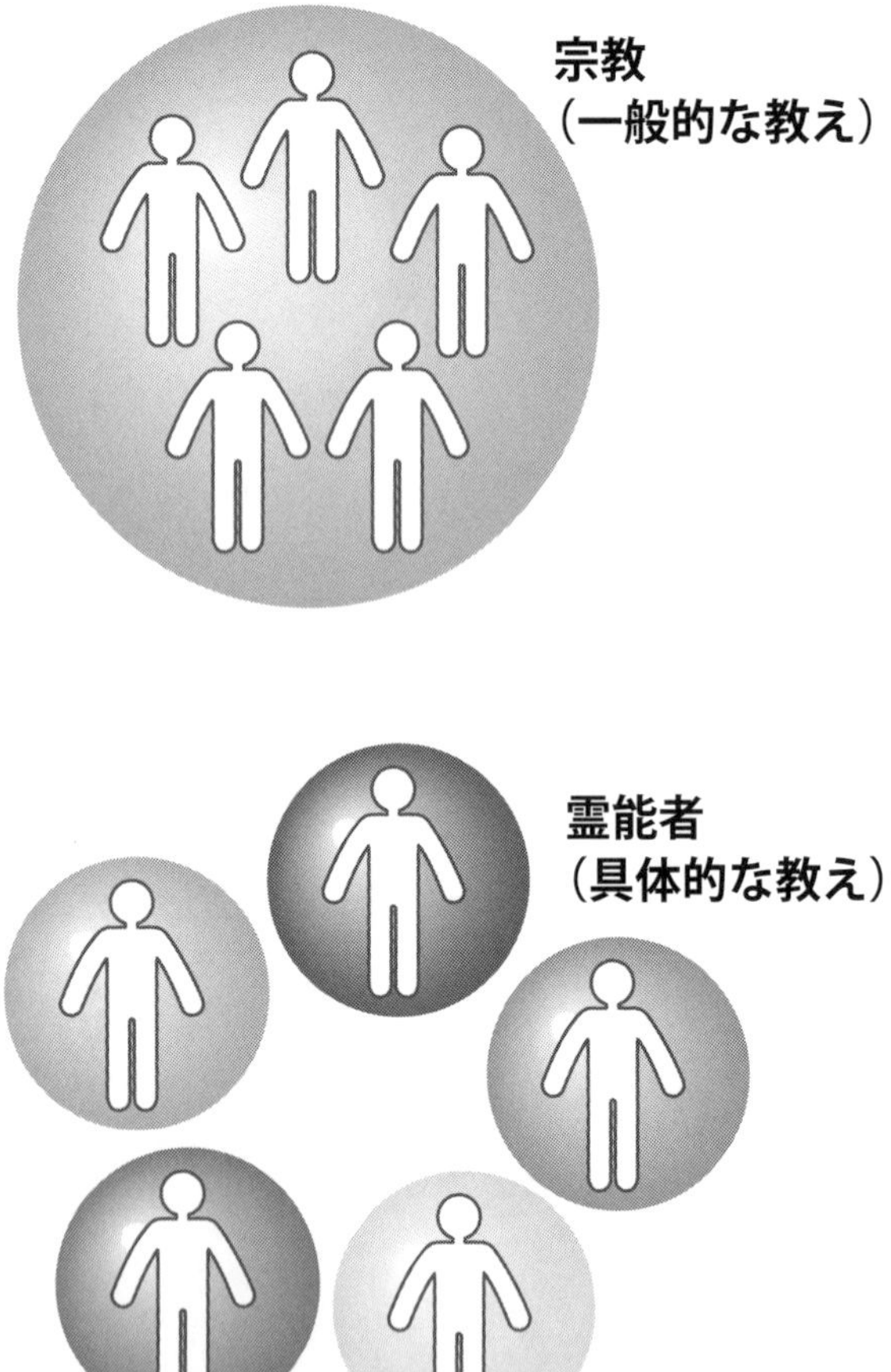

「宗教の教え」は大勢の人間に説くので、一般的に広く当てはまるような根本的なことが中心になっている。「霊能者の教え」はそれぞれの相談者に応じた個別的・具体的な教えである。

それが大したことでなければよいのですが、たとえば大事故に遭ってしまうとか、何か取り返しのつかないことだとしたら、一生後悔することになります。

だから、「こうなってしまいますよ」というのは、実は「教え」なのです。

キリスト教にしても仏教にしても、基本的に宗教はすべて「教え」です。ただ、大勢の人間に説いているので、一般的に広く当てはまるような、根本的なことが中心になっているということです。

霊能者たちの教えは、それぞれ相談者に応じた個別的なことであり、より具体的な教えなのです。

●人間の「段階」を上げる

人間には「段階」があります。段階と言うと反発もあるでしょうが、はっきりいって段階があるのです。

私たちは、過去世の宿命を輪廻伝承しながら、それぞれの現世で魂の役割を完結させようとしてきました。その現世のひとつひとつは、長い魂の旅路のほんの1ページにしかすぎません。

それぞれの現世で何度も何度も宿命を解消・完結させ、次の段階、さらに次の段階、またさらに次の段階へと進んできた魂は、現世における人間の欲というものが限りなく薄くなっていきます。

つまり、人間の段階というのは、その魂が過去世でどこまで完結させてきたのか、ということです。

たとえばフランスでは、医師というのはあまり地位が高くないそうです。むしろ料理人のほうが高い。トップクラスの料理人は、飛行機でもホテル代でも無料だそうです。いくら名医でも無料にはなりません。

人間の「感性」というものに対する位置づけが、日本とは違うのです。創造力や想像力は感性です。人間には、創造力や想像力の豊かな人と豊かではない人がいます。感性が豊かな人ほど、フランスでは格が上とみなされます。仕事ができるできないとは別に、人間としての位置づけが違うわけです。

感性の豊かな人というのは、どんな服を着ても、どんなにボロボロの靴を履いていても、どこか違って見えます。「この人は違う」ということがわかるのです。

それが、その人の「品」です。

品というのは、魂がどれだけ磨かれているかということです。魂が磨かれているということは、輪廻伝承の中でどれだけ魂を完結させてきたかということなのです。完結されていればいるほど、感性が研ぎ澄まされてくるのです。

私たちは、人間の段階を上げて、高いところを目指さなければなりません。人間の品を高めていかないとならないのです。

私も高い段階へと向かっているところであり、みなさんと同じです。

ただ私の役割として、その人がまだ寿命ではないのに命を落としてしまう理由とか、この世を去るまでに、どのようにすれば自分の魂に従って、正直に生きていくことができるのかということをお伝えしているのです。それが私の宿命だからです。

人間の段階が上がるということは、人間がよくなるということです。要するに人間がよくなればよいのです。

私もまだまだほど遠いのですが、「みなさんと一緒にレベルアップしていきましょう」ということです。

今の世は、人の段階があまりにも低すぎます。

日本にしても、物質社会の進歩が速すぎて、人間の段階が追いついていけないのです。原発にしても、あんなものはいりません。お金があるから、そういうものを作ったりするのです。

先日、電車に乗っていると杖をついたおじいさんがいました。おじいさんは、何度も車内を往復しています。私は「ああ、座るところがないのだな」と思ったので、席を立って「どうぞ」と言いました。

すると、そのおじいさんは何と言ったと思いますか？

「最高の日をありがとう」と言ったのです。私は、そんなことを言われたのは初めてでした。最高の日だと言うのです。席を譲られたことがです。

私は悲しくなりました。リセッターとか、霊能者とか、ヒーラーとかとは関係なく、普通の人間として、「これはいったい、どうなっているのか？」と思います。

今は若者がスマートフォンを持って、電車が来ると真っ先に空いてる席を目指して走っていきます。そして座るとゲームをはじめるのです。

親のしつけもあるのでしょうが、人間がおかしくなっているのです。親たちももうどうしてよいのか、わからなくなっているのかもしれません。

もちろん、大人や年寄りの段階が高いということではありません。席を譲っても、ひと言もなかったり、「年寄り扱いをするな！」と言って怒る人もいます。普通の言い方、話し方ができなくなっているのです。

こんなことを言うのもどうかと思いますが、「ありがとう」、あるいは「ありがとう。でも大丈夫です」など、そういうことを言うだけのことではないでしょうか。たったそれだけのことが言えない大人もいるわけです。

だから、どのようにして世の中を変えていくかということよりも、人間の段階をどうやって上げていくかということのほうが先決です。早く上げていかなければなりません。

子どもには、何が正しいかではなく、何がよいかわるいかをちゃんと大人が教えなければいけません。

私は電車の中でも、あまりにも行儀がわるい子どもがいれば注意をします。場合によっては、「どこの学校か？」と聞くこともあります。先日も聞いたら、自分の学校の後輩でした。

その話を男子校の教師をしている知人に話したら、今はいろいろとPTAもうるさいそうで、なかなか厳しい指導はできないようです。

男子校ですらそうなのです。ちなみに私が高校生のころは、校門の前で教師が木刀を持って立っていました。これはちょっと余計な話ですが。

過去世からの輪廻伝承の中で、いろいろと魂の役割を完結させてきた人というのは、この世に生まれてきたときに、すでにある段階を持って生まれてくるわけです。

もちろん、その人なりの宿命がありますし、まだまだ解消していかなければならない課題もあります。それでも、それぞれの魂の段階というのが必ずあるわけです。

同じ職業で横一線に並んで同時にスタートしても、何の努力もせずに人より先に進む人もいれば、どんなに努力しても進まない人がいます。

その仕事が、その人が伝承してきた宿命に合っているのか、合っていないのかということです。

先ほどの電車内のマナーの件にしても、ほかの何のことにしても、最初からわかっている人もいれば、まったくわからない人もいるわけです。

わかっている人にとっては大したことのない当たり前のことが、わかっていない人にとっては、まったくわからないのです。「どうしてわからないの？」と言っても仕方がありません。

そもそも人間の「段階」が違うからです。

●人の念と戦争について

人の念について考えてみましょう。

念も業と同じように輪廻伝承されていきます。

念にはよい念とよくない念があり、人の幸せを願う思いも、人を貶めようとする思いも、過去世の因果関係によって生じてきます。

マイナス方向のネガティブな念、特に欲に絡んだ念や怨みの念などは、最悪なケースとしては人殺しとなって、この世に現実として起きてきます。

殺されたほうは怨みの念を抱いて、また生まれてくることになります。そして殺したほうと殺されたほうとの因縁が、また新たな現世で生み出されます。輪廻伝承とは、そのようなことなのです。

一方、もちろんポジティブな念もあります。

文明が発達したり社会が発展してきたのは、「世の中をよくしたい」、「より便利な社会にしたい」という多くの念が背後にあったからです。

残念ながら、今でもこの世の「邪悪な念」はなくなりませんが、これも人間の持つ欲の念から生まれてきています。

欲の念は、大昔に人類が誕生してから、それぞれの魂の因果関係によって伝承されてきたものです。

人間社会には、欲を刺激するさまざまな誘惑があります。

たとえば仕事関係や友人関係、異性関係の中には、人間の出世欲、金銭欲、性欲などを起動させるさまざまなワナが潜んでいます。

いじめたりいじめられたりする関係から、代々にわたる家と家との問題、土地の奪い合い、前時代的な封建制度による主従関係、女性蔑視などなど、現世に輪廻伝承されてきている因縁はたくさんあります。

人間の欲が高じて、結果的に手ひどい危害を与えたり与えられたりした場合、特に命に関わるようなことであれば、それはものすごい業となって、当事者のみならず身内や親族などにも大きな影響を及ぼしてしまうことになります。

強制的に多くの人々を不本意な争いに巻き込んでしまう戦争などは、その最たるものでしょう。

21世紀に入ってからも、親がわが子を殺めるといった事件が後を絶ちません。

食事もろくに食べられない時代や生活が非常に苦しいときなどは、昔の親は自分は食べずに、食べ物をすべて子どもに与えていました。現代よりもはるかに厳しい時代状況の中で、親は子どもに無償の愛を与え続けたのです。

今の時代は、子どもが泣きやまずにうるさいからとか、言うことを聞かないからといった理由で、わが子を殺めているのです。心が張り裂けるような思いになります。

そしてそれは、すべて因果の法則による結果なのです。

前世の生活がよくて、現世の生活もよいという場合は、これまでの過去世において、本人の魂がよい結果を出してきているということです。

では、現在の自分の状況があまりよくないということは、前世の行ないがよくなかったからかといえば、必ずしもそうではありません。

この世に生まれてから現在まで、どのように生きてきたか、その間の因果の法則による結果が現在に出ている場合もあります。

だから、ときどき自分の過去を振り返り、自分の行ないを反省し、リセットすることができれば、現在の状況を変えることができるのです。

原因がなければ結果もありません。

結果がよくないのであれば、必ずどこかによくない原因があるのです。すべては原因と結果の中にあります。ということは、すべてにおいてはじまりがあるのです。

だから、何ごとも途中でリセットして、新たにスタートすることが可能なはずですが、なかなかそうはならないのはなぜでしょうか？

世の中の自然なバランスが崩れ、地球のバランスが崩れているからです。このままいくと、どのような結果が生まれるのでしょうか？

その結果がわかっている人も多くいるはずですが、何もしようとはしません。そこには根の深い大きな問題が横たわっています。簡単に解決できることではありません。

もとより簡単に解決できれば、もっともっとよりよい社会になっているはずです。しかし、そうはなっていません。

世界には今でも戦争があります。そして、過去の戦争において大勢の人々を殺した人たち、殺された人たちがいて、その人たちもまたこの世に生まれ出てくるわけです。その人たちの魂がこの世において「やはり戦争はいけない」、「人を殺めたりしてはならない」と思えばよいのですが、人間の念というのはなかなかひと筋縄でいくものではありません。

過去世において、殺す殺されるといったことがあれば、それはものすごく強い念となって受け継がれます。そしてこの世に生まれてきて、この世を去るまでの間の行ないに強い影響を及ぼすのです。

たとえば、戦争で16歳の子どもたちが徴兵されたとします。その子たちが戦争に行って、戦闘機に乗ったり、戦艦に乗ったり、あるいは銃器を持ったりして、大勢の人を殺します。

そして、その子たちも戦死します。仮に10万人が死んだとします。すると、戦死した10万人の16歳の子たちの多くは、似たような時期にまたこの世に生まれ変わってきて、似たような運命を辿る場合が多いのです。

戦死した10万人全員が、「復讐してやる」という思いで生まれてくるわけではありませんが、それぞれが縁のある近しい人間として集まってくる可能性が高いのです。

基本的には、その子が生まれてきた環境の影響が大きいですが、よくない環境に生まれたときにその子がどう思うかです。「よし、この環境から抜け出して、自分はよい人生を歩んでいくのだ」と思う子もいれば、不良の仲間に入って、わるくなる子もいるわけです。

そこで自分の理性や道徳観、自分の魂の思いが試されます。よくない環境において、よい方向へと生きていくのか、わるい仲間に入るのか、最終的には自分の思い、意志、選択の問題です。

日本でいえば、国内のいろいろな内戦を経てきて、第一次、第二次世界大戦へと、海外に向けて戦争をやるようになりました。

現代になって、だんだん理性や道徳観が養われて、「やはり戦争はいけないことだ、人を殺してはいけないのだ」という思いの魂が増えているのですが、いまだに「復讐してやる、殺してやる」という魂もあるわけです。

戦争では、みんながみんな無念の思いで死んでいきます。そしてこれから、時期的にも先の世界大戦で亡くなった人たちが、そろそろこの世に出てきます。

この世のわるい行ないというのは、究極的にいえばひとつしかありません。

それは、人を殺めることです。

人を殺めるということは、肉体を奪うということです。肉体は魂の容れ物なので、肉体を奪われたら魂はこの世で使命を完結することができなくなります。

人を殺めるということは、その人の魂を奪うことと同じことなのです。だから、多くの人の命を奪う戦争などというものは、もう絶対にしてはいけないことです。

戦争を起こすのは指導者ですが、戦争にならないようにと、先頭を切って行動を起こすのもやはり指導者なのです。

指導者たちの魂の思いは、時代とともにだんだんと変わっていきます。

しかし、いまだ世界には戦争がなくなりませんし、やられたらやり返すという思いを持った国があることも事実です。

それでも、輪廻伝承の意味を理解することができれば、人々の魂の思いが変わっていくこともたしかなことなのです。

●土地と国の念

今、本書を読んでいる人の多くは日本人だと思います。中には日本語が読める外国の人もいるかもしれません。

それぞれの国の人々は、その国でやるべきことがあるから生まれてきました。日本に生まれてきたのは、日本人としてやるべきことがあるからです。このことは心に留めておいてください。

たとえば、その国の人々が過去に行なった戦争を反省し、次の時代は必ず平和にするという思いを強く持てば、その思いや言動は現在から未来へと影響を及ぼしていきます。

世界を見れば、いまだに戦争を続けている国があります。それは国ごとの人々の思いや考え方、念がそれぞれ違うからです。

そうした思いや考え方、念を持つ理由が、その国の人々の過去にあり、その人々の魂に受け継がれているのです。

貧しくても平和に暮らしていた国が、豊かな国の戦略のために犠牲になったとしたら、そこで暮らしていた犠牲者の思いの念ははかり知れないでしょう。

人間はこの世において80年、１００年と生きて、さまざまな経験を積み、宿命を次へと引きわたします。輪廻伝承です。

そして前世のよくないところを改善し、解消することが、その人生を完結するということです。そうすれば、多くの人がよい方向に向かっていきます。

土地にも、人と同じように魂が宿るのです。

ある土地で人間がよくないことを続ければ、その土地はよくない魂に支配されます。逆によい魂が増えれば、土地もまたよくなるのです。発展してきた国というのは、よい魂が集まってきたということです。

人間の発展だけを望むのではなく、その土地に生きる動物や植物など、自然のものすべてを気にかけるよい魂が集まったために、よい方向に進んだのです。

日本では、江戸時代になるまでは内戦が続いていました。国のいたるところで戦が起こり、数多くの人が死んでいます。古戦場跡などには、散っていった人々の無念の思いが渦巻いています。

しかし、江戸時代に入ると平和が訪れました。そのまま平和な時代が続くかに見えましたが、明治維新でまた内戦が起きます。そして戦場となったところには、やはり念が残ります。

幕末の戊辰戦争では、旧幕府軍の会津藩と新政府軍の長州藩などが戦いました。その敗戦の念は引き継がれ、今では多少和らいだようですが、会津の人たちの山口に対する感情はあまりよいものではないようです。

当時を知る人はもういませんし、子孫も少なくなっています。戦いのことを直接知らないにも関わらず、戦いの史実が語り継がれていることで、その土地に念が根づいたともいえます。

今から150年も前のことがいまだに引き継がれているのですから、念とはそれほど強いものなのです。

土地の念というものは自らでは完結できないので、人間がよい行ないを続けていって改善するしかありません。

私は宗教家ではないので、仏教や神道が行なうことについては批判も賛同もありませんが、その場所をよくしようとする考えには賛成です。

土地のよくない念を取り払い、よい場にし、よい魂が集まれば、その場は必ずよくなるのです。それは今を生きている私たちの役割でもあり、宿命のひとつです。

それぞれの魂が生まれてくる国が違うのは、なぜでしょうか？

魂の念の強さによって、生まれてくる国が変わるからです。

それぞれの国には国民性というものがあります。その国の人々が持っている特性です。勤勉であるとか、楽天家であるとか、そういうことです。

国民性は、その国の気候や風土、そして歴史が生み出していると考えられます。しかし、その根本は魂の念の強さにあるのです。

魂の念が強い場合は発展している国、つまり先進国に生まれ、逆に弱い場合は途上国に生まれます。ただ、魂は念の強弱のほか適性などによっても、生まれてくる国や地域を選択しています。

現在は、さまざまな国や地域で環境が異なりますが、かつてはどの国でもだいたい同じような状態でした。しかし時代を経るにつれ、それぞれの国の立場にも変化が生まれてきます。発展していく国、またはその犠牲になっていく国などです。

自分の国がある程度発展すると、念が強い魂の国の人は、別の国に行ってその国の発展のお手伝いをするようになります。知恵や力を分配するのです。

日本などはそのよい例でしょう。

古代の日本は、朝鮮半島や中国大陸から文化を取り入れ、その技術を洗練させていきました。一時、海外との交流を断ちましたが、江戸時代が終わると、また海外との交流を再開します。

その後は、ほぼ強制的に他国を支配するということもありましたが、中国をはじめとしたアジアの国々との関係も強化しました。

先の大戦の敗戦を受け、ほぼゼロからスタートした日本は、奇跡ともいえる発展を遂げます。そして今では、途上国など海外への支援をするまでになったのです。

これは念が強い人が多く集まり、その人たちが理想を持ってさまざまなことに取り組んだ結果、成し遂げられたことです。

このように、日本には念の強い人々が集まり、その思いが搾取のような形で他国へ及ぶこともありましたが、同時に支援の形で知識や知恵を惜しみなく提供し、世界をよりよくしようとしてきた面もあるのです。

現在の日本の思いは、かつてとは変わってきているように思います。

世界との関係を見ても、自国のことを最優先に考えすぎているのではないでしょうか？　いまだに世界中にある戦争や紛争、貧困、環境破壊などに対して、もっともっと積極的に関わっていくべきではないでしょうか？

日本は今、大きな岐路に立っていると私は感じています。

私たちのひとりひとりが、この世で魂を完結させようとすることは、そのまま豊かで平和な社会を築くことにつながります。

念が強い人が集まると、よい方向に行けば問題ありませんが、間違った方向に行くととんでもないことになります。そういう国は必ず崩壊していきます。かつて「大帝国」を築いた国々が、今では見る影すらないことを思えばあきらかでしょう。

本来は、国や国境というものはなくてもよいものです。はるか昔には、国境などはありませんでした。だから、争うこともなかったのです。

これまでも、人間はひとつになって、いろいろなことを成し遂げてきたはずです。

数多くの輪廻を繰り返し、私たちはさまざまな宿命を伝承してきました。

私たちのひとりひとりが、自分たちが伝承してきた宿命を理解し、この世でそれらを解消し、自分の魂の役割を完結していくことを願っています。

第2章

この世はすべて8種類の色だった！

●色は人を現わす

さまざまな色が、私たちのまわりにはあふれています。

私たちは、色に囲まれたカラフルな社会に生きているのです。

駅や街頭で見る広告、色とりどりのファッションをした人々の群れ、往来を行き交う車などなど、私たちはさまざまな色を目にしています。

私たちは普段から、色どりのある生活をしているのです。

もし、世の中に色がなく、白黒の社会だったらどうでしょう。あまりに単調で気分も沈んでしまうのではないでしょうか?

色は私たちの生活、そして心に大きな影響を与えているのです。

赤い色のものを見ると元気になったり、注意を払ったり、緑色のものは心を落ち着かせてくれたりと、それぞれの色には見て感じるものがあります。

また、人それぞれに好きな色があるでしょう。逆にあまり好きではない色もあるはずです。好きな色、きらいな色は、無意識に選んでいるのです。

自然に青いものばかりの部屋になったり、赤系の服をいつも着ていたりと、自分が知らず知らずのうちに好ききらいを選択しています。

「好きな色は何？」と聞いて、その人の好きな色を聞くと、何となくその人の人柄までわかるような気がします。

色は人を現わしているのです。

「色」に隠されたもの

色は英語ではカラー（color）といいます。

カラーという言葉は、ラテン語の「隠す」から生まれました。「色」は隠れたものを意味するのです。

その隠された色を自分の中に見つけ、心を改善していくのがカラーセラピーです。

カラーセラピーはさまざまな方法で行なわれています。

また、その人の髪の色、肌の色に合った色の服や小物をコーディネートし、その人を目立たせたり、知的に見せたり、あるいは本人を活発な気分にさせたりする、カラーコーディネーターという仕事もあります。

カラーセラピストやカラーコーディネーターなど、色に関わる職業は現代になってはじまったものではありません。

もともと古代より、色による治療があったのです。

古代のエジプトでは、色彩は人間・物質・人生の資質としてとらえられて、大きな意味を持っていました。

古代エジプトの色彩は主に6色で、白・黒・青・緑・赤・黄でした。

王族の住まいには、光の屈折によって異なる色に満たされた部屋があり、病人の症状によって「青い部屋」、「赤い部屋」などと、休ませる部屋を変えていたようです。

インドでは、5000年前から行なわれているアーユルヴェーダという伝統医療思想の中で、人間のエネルギースポットをそれぞれ色分けして治療に活用しています。

そのスポットをチャクラと呼んでいます。

チャクラとは、サンスクリット語で円や輪、車輪などを意味します。このチャクラが6〜8カ所あるといわれ、それぞれが光の色を放っているというのです。

南米のマヤでは、色とりどりのロウソクを立て、その色が持つそれぞれの祈りを捧げていたといわれています。

また中国でも、5000年以上前に生まれた「陰陽五行」の考えでは、色が重大な意味を持っています。

万物は、木・火・土・金・水の5つの種類の元素から構成され、それぞれ木は青、火は赤（紅）、土は黄、金は白、そして水は黒（玄）の五色に対応し、さらに人間の臓器である肝臓・心臓・脾臓・肺臓・腎臓の五臓や、五方（方角）・五時（季節）・五感・五星にもつながり、宇宙を作っていると考えられていました。

風水でも、東西南北の「東は青龍」、「西は白虎」、「南は朱雀」、「北は玄武」とし、これを四正と呼んで方位を色で表わしています。

日本は、昔から色のあふれる社会でした。

木の色を生かした寺社の建物は、かつては赤や青の鮮やかな色でしたが、年月とともにもとの塗装の色が剥げて、今のような色になっているのです。宇治平等院の創建当時のCGなどを見ると、現在の姿との違いに驚かされることでしょう。

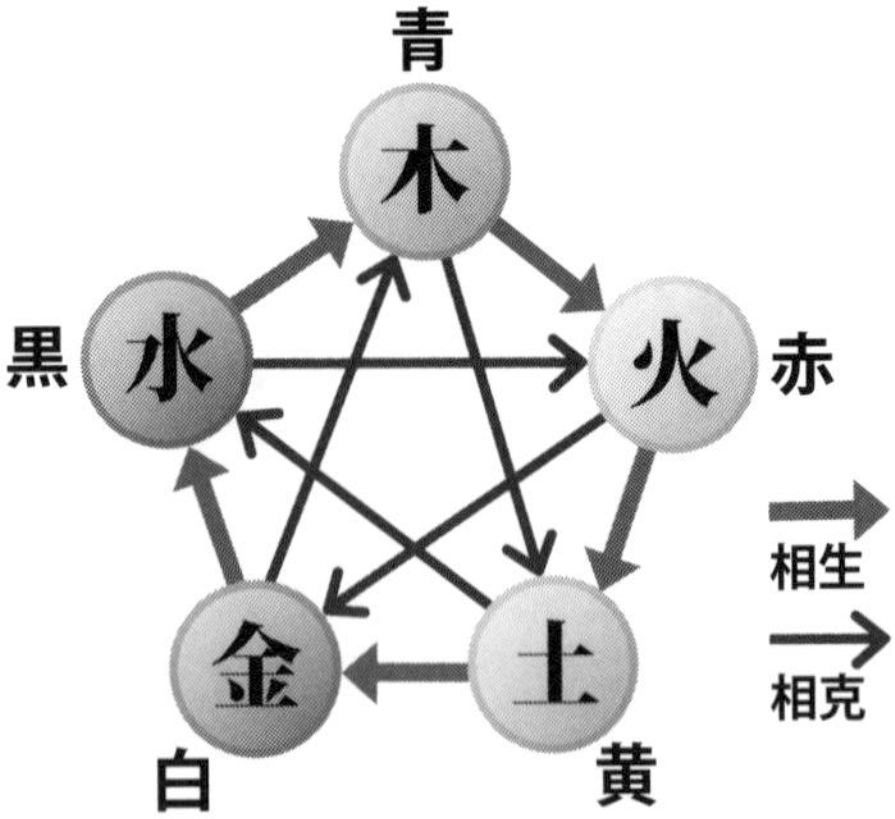

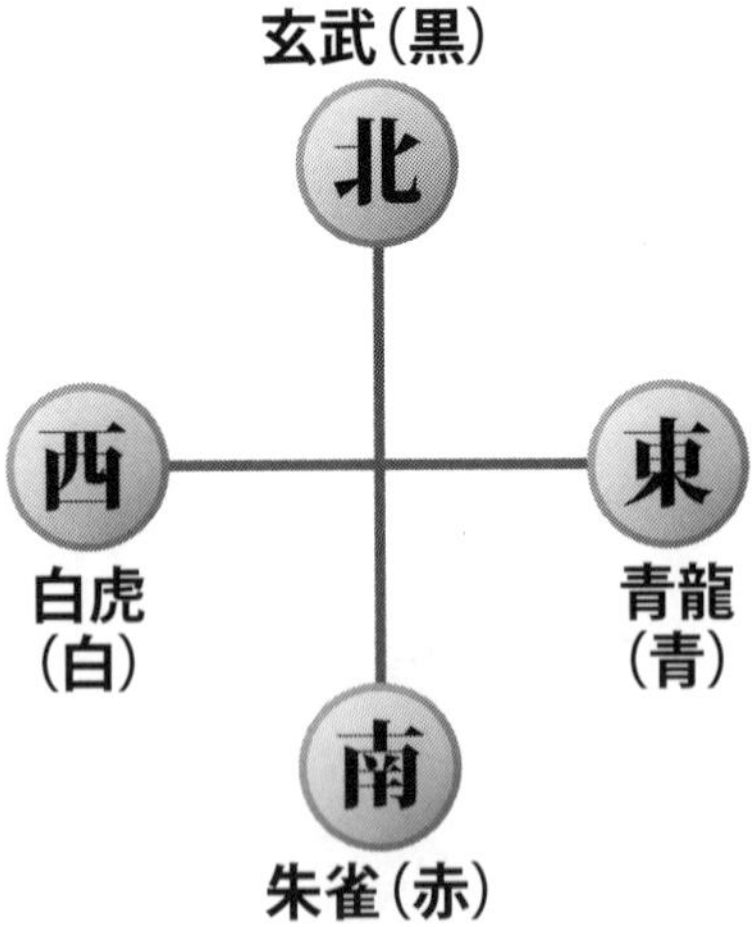

「陰陽五行」では、木（青）・火（赤）・土（黄）・金（白）・水（黒）それぞれに色があり、相生《そうせい》（陽）と相克《そうこく》（陰）の関係がある。また、風水でもそれぞれの方位を色で表わす。

古代の日本の色は、『古事記』などにあるようにもともとは、「赤」、「白」、「青」、「黒」の4つの色が基本とされていました。

赤は「明るい」という意味の「あか」で、鮮やかなことです。白は「知る」など、はっきりしているという意味で、逆に青は植物の「藍《あい》」からきており、はっきりしないこと、明と暗の中間の曖昧な感じでとらえていたようです。黒は「暮れる」とか「暗い」からくる「くろ」です。

古墳には、遺体とともに埋葬されるものは赤土で着色され、赤は特別な色として考えられていたようです。

飛鳥時代には紫が高貴な色とされました。緑はもとはなかった表現ですが、平安時代になって「みずみずしい」から転じて緑になったとされています。

こうして私たちは、衣・食・住・健康・精神など、あらゆる場面で色のパワーを活用しているのです。

そして色には、実は私たちが本当の自分を取り戻し、自分に合った人生の舵取りを可能にする秘密が隠されているのです。

これから、さらに色の世界へと進んでいきましょう。

8つの感覚

私たちのそれぞれの能力とは、過去世からもたらされているものです。

過去世における経験、たとえば親子関係や友人関係、環境、教育などからの影響を受け継いできたものの反映が、われわれの能力として現世に現われてきます。

この世では、私たちの肉体には「五感」が与えられています。

五感とは、視覚、聴覚、嗅覚、味覚、触覚です。

私たちは五感として分けていますが、前世から受け継がれている魂の感覚は、実は「八感」として8種類あります。

それは、体感、口鼻感（本能）、感情・感性、感覚、霊感、聴感、考感、視感です。

それぞれ簡単に説明しましょう。

「体感」は、体力や筋力のことです。いわゆる体が強いとか、弱いということです。スポーツ選手の中には、生まれながらに肉体が強く、筋肉もあり、力がある人がいます。体感が優れているということです。

■八感（魂の感覚）

八感	能力の特徴	色
体感	体力・筋力	赤
口鼻感（本能）	嗅覚・味覚	黄
感情・感性	芸術的センス・発想力	オレンジ
感覚	五感全体の力	白
霊感	正しいことを見極める力	紫
聴感	音を聴き分ける力	ピンク
考感	思考力	青
視感	視力・見る力	緑

この世では肉体に「五感」が与えられているが、前世から受け継がれている魂の感覚は「八感」として８種類あり、それぞれに色がある。あなたの魂はこれら８種類の色のうちのどれかなのである。

「口鼻感（本能）」は、嗅覚と味覚に優れた人です。

鼻をつままれると味がわからなくなるように、嗅覚と味覚は密接な関係にあります。（本能）とあるのは、食べることは眠ることと同じように本能と結びついているからです。

嗅覚と味覚が鋭いということは、食べられるものと食べられないものを区別する能力があるということです。現世では料理人などに向いています。

「感情・感性」が優れた人は、芸術家に多いのです。

感情や感性が豊かで、自分の個性を表現することができます。発想力が強く、流行を先取りしたり、誰もしていないことをしたりします。何もないところから何かを生み出すことができるのです。

「感覚」は、五感全体の能力に関係しています。

感覚が鋭いということは、五感の能力がずば抜けているということです。感情・感性と似ていますが、感覚はもの作りの感触に鋭いのです。

たとえ感性に優れていたとしても、実際にものを作れるかどうかは、感覚が優れているかどうかによります。イメージがあっても、イメージどおりに作れるとは限らないのです。

一般に「センスがよい」というときは、「感情・感性」に優れている場合と、「感覚」が鋭い場合、あるいはその両方を指します。

「霊感」は、正しいことを見極める能力です。

人や世の中が間違った方向へ向かっているときに、正しい方向へと導き、正しい指針を与えることができる能力です。

「聴感」は、いろいろな音を聴き分けることができる能力です。

「考感」は考える力です。思考能力です。考感に優れた人は、より広く、より深く考える力があり、人の上に立つことができます。

「視感」は目のことです。視力がよい人や視界の中の細かい部分に気づく人は、人が見逃してしまうことを見る力があります。

魂が前世から受け継いできているこれらの八感のうち、自分は何に優れているのか、何が強いのか、どんなことに鋭いのかなどを知ることができれば、この世でどういう方向へ向かえば成功するのかがわかります。

この世では、生まれながらに備わっている五感がありますが、まずは魂が引き継いできた八感を知ることが大切なのです。

八感にはそれぞれ色があります。

体感は赤色、口鼻感（本能）は黄色、感情・感性はオレンジ色、感覚は白色、霊感は紫色、聴感はピンク色、考感は青色、視感は緑色です。

つまり、８種類の人間がいるわけです。

あなたの魂は、これらの8種類の色のうちのどれかなのです。

そしてそれぞれの色の中でも、さらに8種類のタイプに分かれていくのですが、本書ではそこまで詳しく述べることができないので、基本的なことをお伝えします。

赤の魂の人は、体感が強く、現世ではスポーツ関係に進めば成功します。

しかし同じ赤色でも、体感の強さには個人差があるし、赤色の人の中でも青が強いタイプだったり、紫が強かったりする人がいます。

そうすると同じ赤色の魂でも、スポーツ選手として成功する人もいれば、マネージャーとして優れている人、選手を育成する指導者になるべき人などに分かれてくるのです。

つまり、自分は赤色の魂で体力があるからといって、スポーツ選手として必ずしも成功するとは限らないということです。選手ではなくマネージャーや指導者、あるいは事務方として成功するのかもしれません。

ただ、スポーツなどの体を動かすことに関係した仕事から離れてしまうと、本来の自分の向かうべき方向からはずれ、どんなに努力しても報われない人生を送る可能性が高くなるということです。

私たちには、それぞれ役割分担があります。ひとりですべてをまかなうことは、かなり難しいことです。

人間の社会というのは、それぞれが自分の役割や得意分野で大成していくようになっているのです。

だから、私たちは早い段階で自分の役割を選ぶことがとても大事なのです。

ちなみに、八感には霊感がありました。

一般に「霊感」という言葉は、人には見えないものが見えたり、人には聞こえなかったり、感じられないものがわかるときに使われ、いろいろと不思議なことをキャッチする能力とされています。

たしかに死んだ人と会話をしたり、過去や未来の出来事を見る能力がある人がいます。私たちは、そういう人を霊能者と呼んでいます。

しかし現代社会においては、霊感が強い人はなかなか認知されず、何となく怪しい人として扱われているようです。

私は不思議に思います。

霊感は、世の中の人にとってとても大切な能（脳）力のひとつです。

現代医学ではわからないことが、霊感によってわかることがあるからです。現実に非常に多くの人たちが、霊感を持つ人のおかげで助かっているのです。

海外には、霊能者によって事件が解決された例がたくさんあります。ご存じの方も多いのではないでしょうか。

太古に人類が出現したときから、霊能者は存在していました。

霊能者によって、病気やケガの施術や薬が生み出されてきたのです。

現在でも、病気を植物などで治している地域があります。現代医薬の一部は、こうした知識から発展してきたのです。

霊能者と聞いただけで、すぐに怪しいという気持ちを持たないでいただければと願います。

地球には8種類の人間がいる

人にはそれぞれ、魂の色（ソウルカラー）があると言いました。

色は、光があるからこそ知覚することができます。

その光は宇宙から届くパワーです。そのパワーを人間というフィルターを通して映し出した色が、魂の色です。

たとえば、太陽光線が赤いステンドグラスを通ると赤く見え、青いステンドグラスでは青く見えるのと同じです。

人間は地球に出現したときから魂の色とともにあるのです。

人間だけではありません。生を受けたものすべてに魂の色があります。木の葉は緑であり、フルーツは赤や黄という色で自らを表現しています。

虹は7色といわれます。外国では10色とも9色ともいわれるときがあります。でも、基本的には8色なのです。

世界を作っている色は8色です。

太陽からエネルギーが降りそそぐとき、ひとりひとりの人間から色が出てきます。その色は虹の色と同じなのです。

色は個性であり、性格であり、タイプです。

人間が地球に現われたとき、自分でいろいろなものを発見して努力していくタイプや、何となく人からものをもらいながら生きていくタイプというふうに、8種類に分かれてスタートしたのです。

私が人間の魂の色が8種類あるとわかったのは、街を歩いているときに8色以上の人がいなかったからです。

でも、なぜ8種類なのかはわかりません。この世には、なぜ男と女の2種類しかいないのかわからないようにわからないのです。

仮説をいろいろ立てることはできるでしょうが、それは私の説く輪廻伝承にとってはあまり重要ではありません。

大事なことは、私たちが過去世から輪廻伝承してきた宿命を現世で解消して、完結させていかなければならないということです。

人間は8種類の色であり、同じ色同士であれば感覚も似ていますが、違う色同士では感覚が違います。色の相性によっては反発し合うこともあるでしょう。

どこに行っても、感覚的に合わない人、生理的に合わない人がいるものです。

逆に同じ色の人が集まっているところでは、飲食店でもどこでもみんなと話が合います。まったく違う系統の色の人たちがいると、やはりお互いに居づらいでしょう。

同じ色の人であれば、何となく雰囲気でわかるものです。だから、仲間はずれにすることはよくないことですが、当然起こり得ることともいえるのです。

それは、グループを編成するときなどにもわかります。

あるグループの中ではうまく実力を発揮している人でも、別のグループでは発揮できなくなったりします。前のグループの人たちと感覚が違うからです。

スポーツの団体競技などでも、選手の色を揃えるとうまくいきます。同じ色同士でまとめたほうが、うまくいく場合が多いのです。

こうしたことは、言葉や理屈ではなく感覚の世界です。

私は高校生のときにサッカー部に所属していましたが、1年生でいきなり部長になりました。試合があるときは、私が出場選手を選びます。すると12対0で勝ったりするわけです。

サッカーの試合で12対0というのは普通はあり得ません。でも、そういう試合が3回くらいありました。同じ系統の人間を集めたからです。

人間は、自分の性格でも何でも表に出せばよいのです。

隠さないですべてを出します。すべてを出したとしても、人間は8種類いるので、世の中の8人にひとりは自分と同じ感覚を持っていることになります。

だから、自分とも合う人間が必ず出てくるのです。

ただ、青色の人ばかりが集まるところへ黄色の人が行けば、これは合いません。

だから、いろいろな情報に惑わされないで、自分の思う方向へと進んで自分を出していけば、必ず自分と合う人間に出会えるのです。

運命の人だと思って結婚して、離婚している人はたくさんいます。実際、同じ色以外の人と結婚すると、だいたい離婚します。

なぜかというと、色も波長なので、合う合わないがあるからです。たとえば、ひとりが一生懸命マラソンをしていて、何もしていない人と話をしても、ハァハァハァハァ息を切らしながらでは話が通じません。

それと同じで、魂が合うということは波長が合うということなのです。

知人のご両親はもう80歳近いおふたりですが、知人が実家に孫を連れていくときは、夜は孫の耳をふさぐと言います。

私はすばらしいと思います。

そういう夫婦は浮気もしません。本当にふたりの波長が合っているのです。そういう夫婦は世の中にたくさんいます。

一方、相手のお金が目当てで結婚して、「それが自分の運命だ」とうそぶいて浪費しまくっていたら、ある日突然、離婚をされてしまったという人もいます。

また、ちょっとした一時の感情で離婚してしまう夫婦もいます。私は、新婚旅行で飛行機の窓側に座るか通路側に座るかでもめて、成田離婚をした夫婦を知っています。

だから、年齢とは関係なく、どこまで純粋な気持ちで相手を見ているかということです。今は若い人に限らず、そういう男女関係の訓練がされていません。

少子化が騒がれていますが、そもそも結婚をしたくないということは、本能に反しているのです。結婚するということ、男と女が一緒になるということは、人間の本能です。

人間の本能が今、おかしくなっているのです。

●魂の色（ソウルカラー）

人間は8種類の色だと言いましたが、それは魂の色（ソウルカラー）であり、「輪廻伝承」で引き継いできた宿命の色でもあります。

人間は必ず宿命を持たされて生きていきます。

人類にはスタートからすでに8種類の宿命があり、どんどん知恵がついて、進歩して、進化していくわけです。

自然を100％とすれば、人間はまだ20％くらいです。

何で20％なのかといえば、この世で魂の役割を完結できないまま、輪廻転生しているからです。

「伝承」ではなく、あえて「転生」と言うのは、魂の役割に無自覚であるということを強調したいからです。

身近な例でいうと、先輩に殴られたから、自分も後輩を殴るという人がいます。先輩に殴られてイヤだったから、自分は後輩を殴らないという人もいます。

自分が同じ上の立場になったときに、今までされてきたイヤなことを下の者にするのか、しないのか？　そこが人によって分かれるところであり、伝承されていくことでもあるのです。

人類のスタートに遡れば、男は基本的に狩猟するとして、最初は横一線に並んでいます。でも、その中ですでに優劣がついているわけです。

ここでいう優劣とは、魂の色に従った個性、特性、専門性、宿命のことです。

つまり最初に誰かが、動物でも植物でも、これは食べられる、これは食べられないと判定しなければなりません。

あるいは、誰かが最初に猛獣と闘わなければなりません。どちらの方向へ行けば水があるのか、誰かが判断しなくてはならないのです。

そして、誰に教えられたわけでもなく、最初からそういうことができる種類の人間がいるということです。

人間は生まれたときから、それぞれに長けている能力があり、役割分担ができているのです。

そこからスタートして、ものを食べたり、棲みかを探したりして、生命を生きながらえさせてきたのです。

子どものころから好きな色というのは、基本的にその人の魂の色である場合が多いのですが、その人の環境やタイミングなどに影響されていることもあるので、実はそれがよくない色のときもあります。

その人の魂の色は、私が見ればわかりますが、トレーニング（115頁参照）すれば自分でもわかるようになります。

だから、気になる色があれば、どうして気になるのか、まず自分で追究してほしいのです。そうすると直観が働いてきて、だんだんわかるようになってきます。

また、よく聞かれるのですが、オーラの色は魂の色とは違います。

オーラという言葉はかなり前からありますが、私に伝承されてきた魂の色の内容とどう関係しているのか、まだよくわかりません。

私には師匠や先生がいないので、勉強したり、学んだりしたことがないのです。本も読みません。

以前、オーラを撮影できる機械というのを試したことがあります。

そのときは、激しい運動をしたあとと、落ち着いているときとで撮影をしてもらい

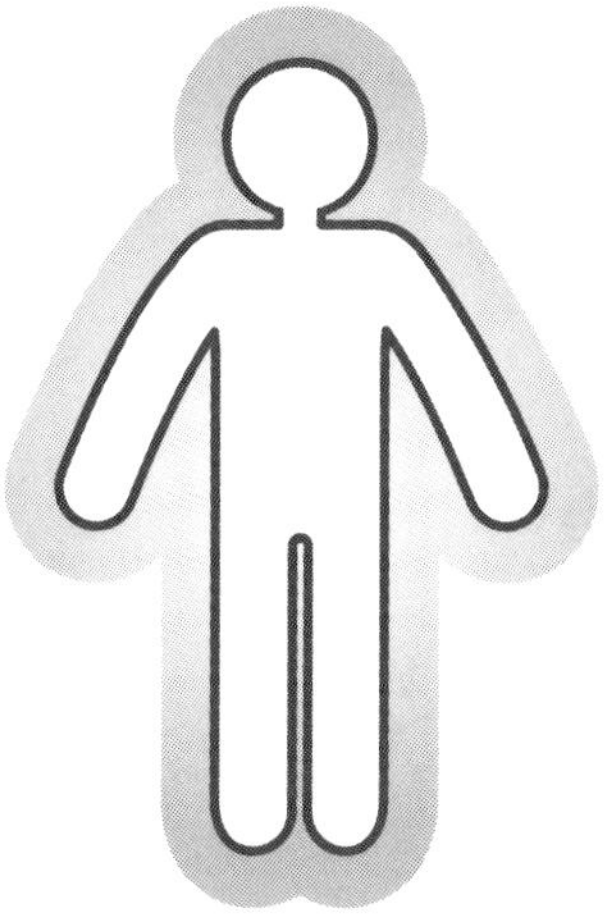

オーラの色

オーラは肉体の周囲の生体エネルギーと関係があり、瞬間瞬間のいろいろなタイミングで色が変わってくる。肉体が活性化していれば赤っぽくなり、鎮まっているときは青っぽくなる。

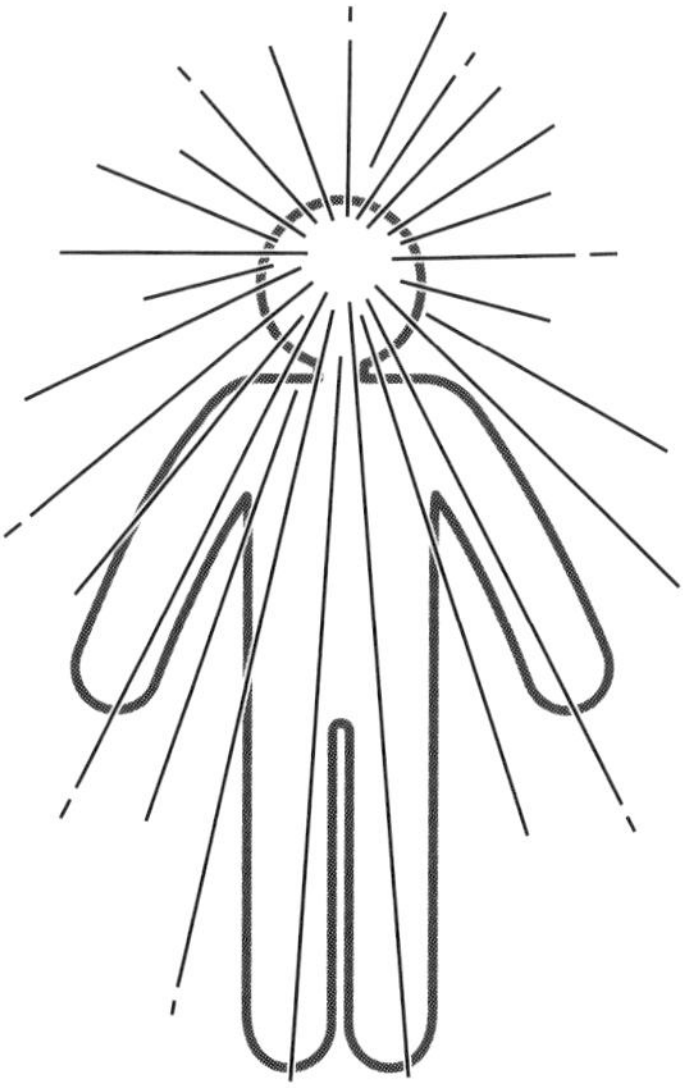

宿命の色（ソウルカラー）

魂の色はオーラのように肉体の状態によって変わることはなく、その人の眉間にある「第三の目」から放たれてくるイメージ。魂の色はその人だけの宿命の色でもあり、個性でもある。

ましたが、運動したときは赤系で、静かなときは青系でした。

また、オーラは自分だけではなく、たとえば撮影するカメラマンなど、他人の状態によっても影響を受けます。カメラマンが「面倒臭いなあ」と思いながら撮影するのと、絶好調の気分で撮るのとはやはり違ってきます。

オーラは瞬間瞬間、いろいろなタイミングで変わってくるのです。

だから、オーラというのは生体エネルギーなどに関係しているのではないかと思いますが、魂の色は変わることはありません。

魂の色はその人だけの宿命の色であり、個性なので、大事にしてもらいたいと思います。

では、それぞれの魂の色の傾向をみてみましょう。

赤色

原始的、自然の本能、生、活力、性、情熱などを現わすエネルギッシュな色です。

赤い色はエネルギーの発散を早める効果があり、アドレナリンの分泌を促し、適度な興奮を誘ってパワーを引き出します。

黄色

有彩色で一番明るい色で、躍動、明朗、希望、期待などを現わします。欲望や本能に忠実な色でもあり、物欲、金銭欲、名誉欲、知的欲求を向上させます。光り輝く黄色はやる気が出て、上昇志向を高めます。

オレンジ色

ニンジンやカボチャの色でもあり、ビタミンカラーとも呼ばれます。陽気、快活、健康、楽しさ、あたたかさなどを現わします。向上心を上げ、新鮮さを表現したり、個性を引き出すのに適しています。

白色

汚れのない純潔、真面目、正義感、高い理想などを現わします。人を近づけない色でもあり、心理的には「無」です。ひとつの色というより、ほかの色を合わせて、さまざまな状態を生み出します。

紫色

神秘、成熟、悟りなどを現わす大いなる癒しの色です。

真実の色でもあるので、活動力が低下しはじめたり、心が傷ついたとき、また自分自身の本当の気持ちに気づくためには、紫を用いるとよいでしょう。

ピンク色

赤ほど強くないので体にやさしく、心には幸福感、体にぬくもりを与えてくれます。

女性的なやわらかさを持つ色で、甘さ、可愛いさ、ロマンティックなどのイメージがあります。好感度の高い色です。

青色

空や海を思わせる広大なイメージがあり、理知、内省、自立心などを現わします。

深い青は鎮静作用があり、医学的にも血圧を下げ、脈拍を安定させます。青い色の部屋で休むとよく眠れることが証明されています。

緑色

大いなる自然をもっとも感じさせる色です。

自然、平和、安全、安定、生命、希望などを現わし、心に調和と安らぎをもたらします。緑を用いると人間関係が穏やかになり、ものごとがスムーズに運びます。

以上、それぞれの魂の色が持っている意味やイメージの概要ですが、現代人は複雑な社会環境や生活の中で、いろいろな情報や知識に頼って行動しようとするので、自分の魂の色を見失っているのです。

でも、本当に大事な生き方とは直観をフルに活用することです。

直観とは本能です。私たちは、自分の魂の色を知り、魂の指示（直観）に従って生きなければなりません。

魂の色を見つけることにより、眠っている本能を呼び覚ますことができれば、いろいろなことができるようになるのです。

以下がその一例です。

●自然を楽しみ、自然と調和することができる。
●分別を持って、知識と本能を分けて考えることできる。
●本来の自分を見つけ、本来の自分に素直に従うことができる。
●物欲に支配されずに、本質を知ることができる。
●行動力が湧き起こり、実際に行動することができる。
●本能に従い、直観で生きることができる。

また、健康管理についてもよい点があります。

●自己免疫力を高めて病気を防ぐ。
●病気になる原因を知る。
●自分の弱いところを知る。

では、これからあなたの魂の色を見つけて、本来の自分を取り戻しましょう。

「魂の色」を見つけるためのトレーニング

（本書2、3頁のカラーチャートを使用してください）

①大きく深呼吸するなど、気持ちを落ち着かせて、自分をリラックスした状態におきます。
②カラーチャートを1分ほど見つめます。
③その後、ゆっくりと目を閉じます。
④頭の中に見えた色がソウルカラーです。

●本書2、3頁にあるカラーチャートは、そのつど直観で好きなほうを選びましょう。
●もし、色が見えなくても気にすることはありません。緊張が解けていないとか、見る前に強い刺激があったことなどが、考えられます。
●リラックスして見ることが大事です。夜、寝る前などがよいでしょう。
●1週間ほど続ければ、見えてくるでしょう。

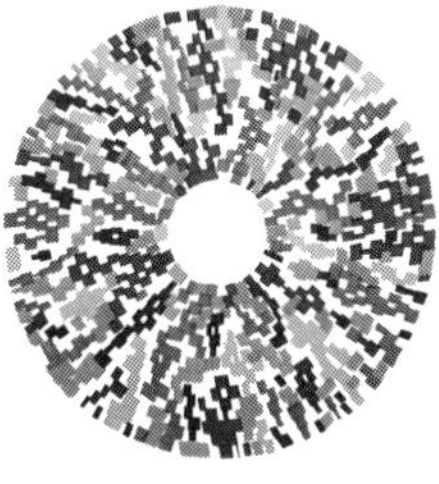

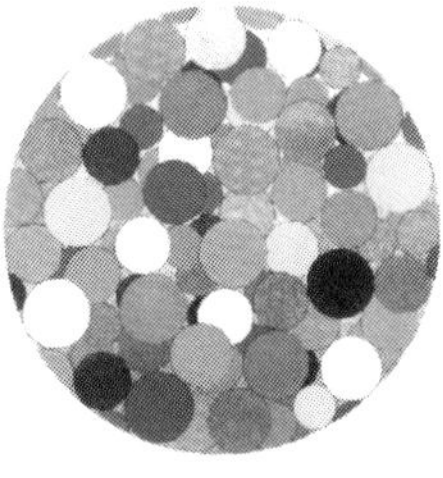

●運命の色（テーマカラー）

運命というのは、人がこの世に生まれてからこの世を去るまでの間に、命を運んでいくことです。

その命に宿命が宿っています。命とは、永遠に生き続ける魂です。

魂の色はその人の根本の色であり、宿命の色ですが、運命にも色があります。

運命の色は、その人のテーマカラーでもあります。

つまり運命の色というのは、過去世から魂が伝承してきた宿命を、この世でどのように運んでいくかというテーマに関係する現実の色なのです。

この世で宿命を解消するために、どのようなテーマを与えられるかということです。

前世の行ないによっては、仏教でいうところの福運を持って生まれてくる場合もあるし、厳しい試練が待っているかもしれません。人それぞれに違います。

だから、自分の宿命の色がどういう色かわかれば、運命の色と照らし合わせて、宿命をどのように運んでいけばよいのかがわかるのです。

私たちは自分の運命の色を知り、そのテーマに沿って宿命を運んでいかなければなりません。

運命の色は、この世に生まれたときに決まります。

生まれた年で運命の色がわかるように、次頁に表を掲載しましたが、これはあくまでも傾向です。

その年、その月、その日にも色があるので、表を見て単純に運命の色は何色だから、「今年はラッキーだ」というわけにはいきません。

仮にラッキーな年だとしても、その一年の中でも、その人のバイオリズムがあるので、バイオリズムに合った色の月や日を見なければなりません。

それがタイミングなのです。

運命の色は、本来はその人の生年月日や時間、生まれた場所、方角、本人の魂の色や両親の魂の色など、細かく見ていかないと詳しい意味や内容はわかりません。

現世では、年にも月にも日にも色があるのです。

それは個性です。それぞれに、月曜日の個性、火曜日の個性、水曜日の個性、１日の個性、２日の個性、３日の個性というものがあるのです。

■生まれ年によるあなたの運命の色（テーマカラー）

赤	黄	オレンジ	白	紫	ピンク	青	緑
1923年	1924年	1925年	1926年	1927年	1928年	1929年	1930年
1931年	1932年	1933年	1934年	1935年	1936年	1937年	1938年
1939年	1940年	1941年	1942年	1943年	1944年	1945年	1946年
1947年	1948年	1949年	1950年	1951年	1952年	1953年	1954年
1955年	1956年	1957年	1958年	1959年	1960年	1961年	1962年
1963年	1964年	1965年	1966年	1967年	1968年	1969年	1970年
1971年	1972年	1973年	1974年	1975年	1976年	1977年	1978年
1979年	1980年	1981年	1982年	1983年	1984年	1985年	1986年
1987年	1988年	1989年	1990年	1991年	1992年	1993年	1994年
1995年	1996年	1997年	1998年	1999年	2000年	2001年	2002年
2003年	2004年	2005年	2006年	2007年	2008年	2009年	2010年
2011年	2012年	2013年	2014年	2015年	2016年	2017年	2018年

各色の下方にある年が、その色の生まれ年。さらに150頁以降の表でその色の説明を見れば、この世で自分に合った仕事の傾向を知ることができる。魂の色を知るには、トレーニングカードによって直観を働かせなければならない（115頁参照）。

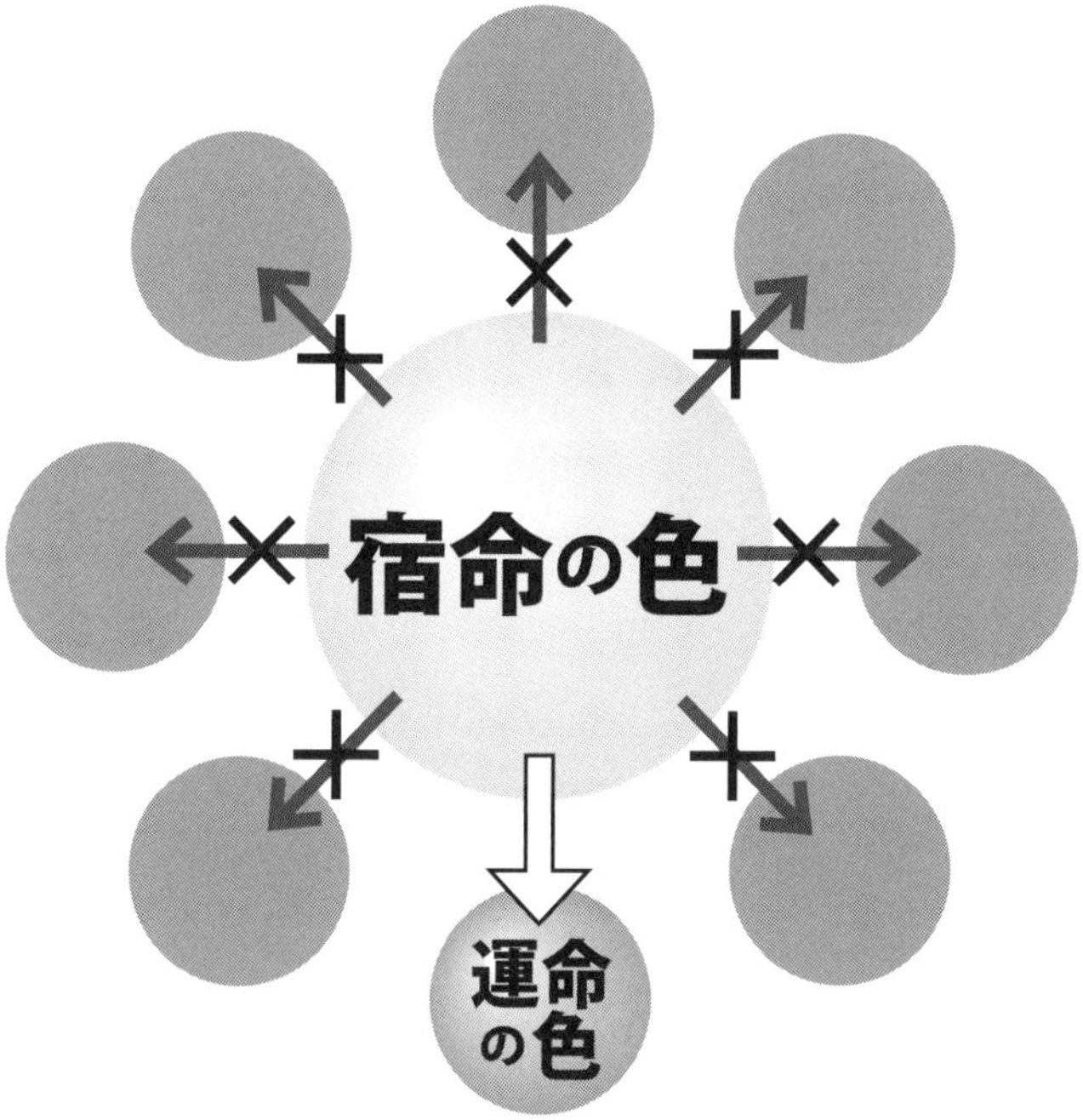

・**宿命の色（ソウルカラー）……魂の色。自分本来の色。**
・**運命の色（テーマカラー）……使命の色。この世の役割の色。**

魂の色（ソウルカラー）はその人の根本の色であり、魂に課せられた宿命の色でもある。運命の色（テーマカラー）とは、この世で宿命を完結させていくために与えられたテーマの色で、この世における自分の役割・使命の色のことだ。私たちはこの世の運命の色に沿って、自分の宿命を完結させていかなければならない。

毎日の生活は同じように見えますが、必ずその日によってどこかが違います。同じ日というのはありません。

輪廻伝承によって、私に伝承された「色の羅針盤（カラーコンパス）」というものがあります（4頁参照。122頁に解説あり）。

その羅針盤を見れば、それぞれの人にとって、この年はあまり行動を起こさないほうがよいとか、この日は積極的に出れば成功するなどということが、最低限わかるようになっているのです。

何でもそうですが、時期とかタイミングというものがあります。

タイミングがよくないときに行動を起こせば、結果もよくありません。左脳的な頭で理屈をつけても、なかなかうまくいかないのです。

本当のタイミングがずれてしまうからです。

でも、あらかじめその日が自分にとってはよくない日である、行動に気をつけなければならない日だとわかっていれば、そうはなりません。なぜなら、自分の言動を控えめにする気持ちが働くからです。

だから、普段から慎重で、よくよく注意しているような人でも、タイミングを間違えれば失敗をします。やはり人間には誰でも欲がありますから、間がわるければ欲が勝ってしまいます。一瞬の隙に魔がさして、失敗したりするのです。

ひと口に「タイミング」と言っても、それぞれの人によって、今年は何色だから去年よりよいとか、あるいは今年一年の中でも、3月は何色の月だから2月よりもよいとか、さらに同じ月の中でも、今日より明日のほうがよいなどと、いろいろあるわけです。

だから、今月は先月よりもよくない月だけれども、その中でも、この日は一番よい日だということがあるわけです。

色の羅針盤はスタートの紫色を頂点にして8色あり、右に回転していきます。波動グラフのようなもので、最上部の紫色は回転していくと右に下がっていきますが、最低部の赤色は逆に左から上がっていきます。上下の動きがあるということです。昇り調子で頂点を迎えて、下降して底になります。それを8つの周期で繰り返しているわけです。そして頂点の位置は北になり、底の位置は南です。

1年単位でいえば、8年周期で一回転し、円の上半分がよい年で、下半分がよくない年になります。よくない年という語弊がありますが、いわゆる低迷期です。要す

■色の羅針盤（カラーコンパス）

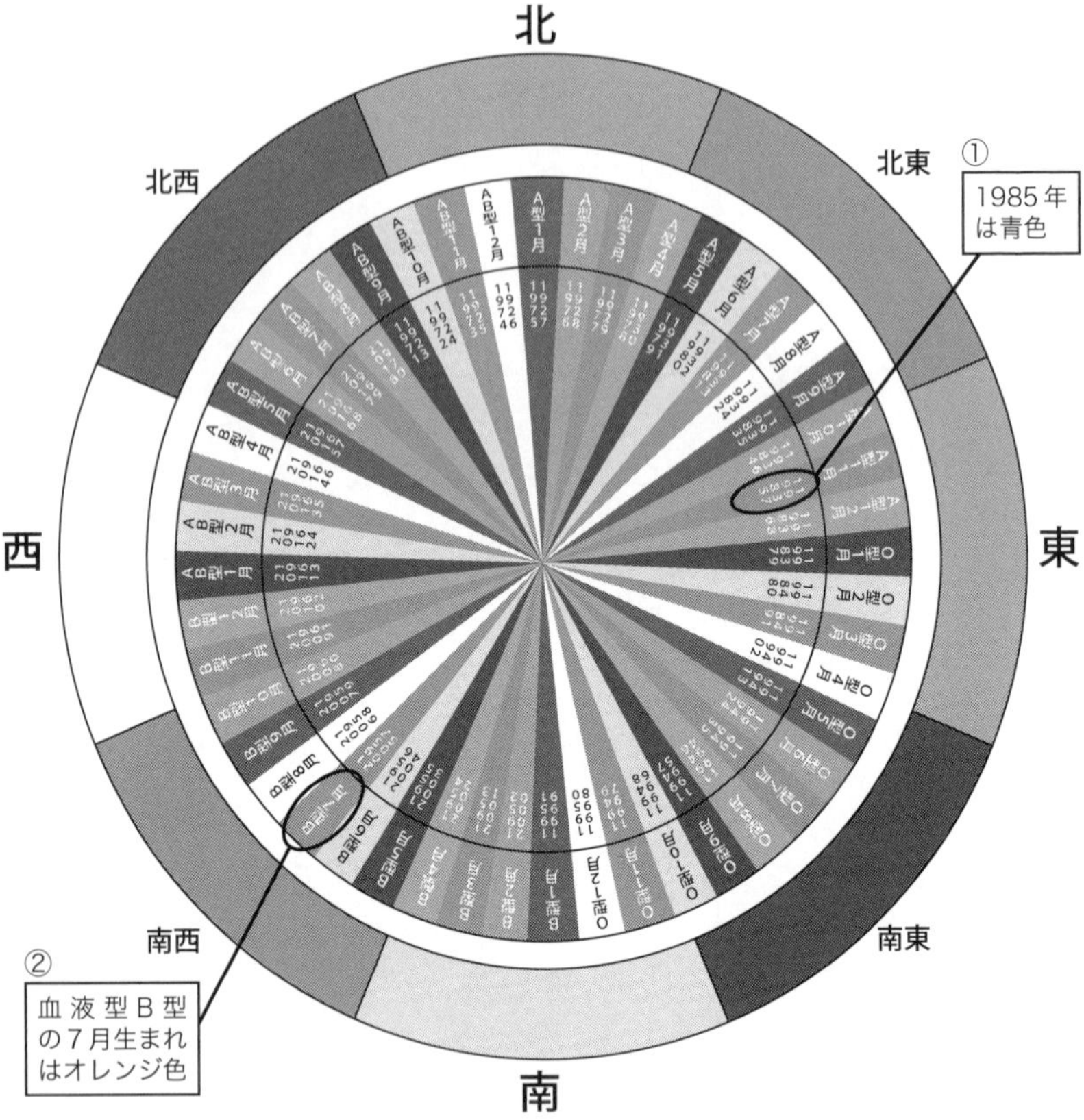

◎色の羅針盤の見方
下記の説明を参考にして、4頁の「色の羅針盤」を使用してください。

【1985年7月6日生まれ、血液型B型の人の場合】
①西暦の表で自分の生まれ年を探す。1985年生まれは、青色。
②血液型と生まれ月の表で、自分の血液型と生まれ月の組み合わせを探す。B型の7月生まれは、オレンジ色。
③上記の人の運命の色は、青とオレンジになる（次頁註）。

■ 2018年の方位の色

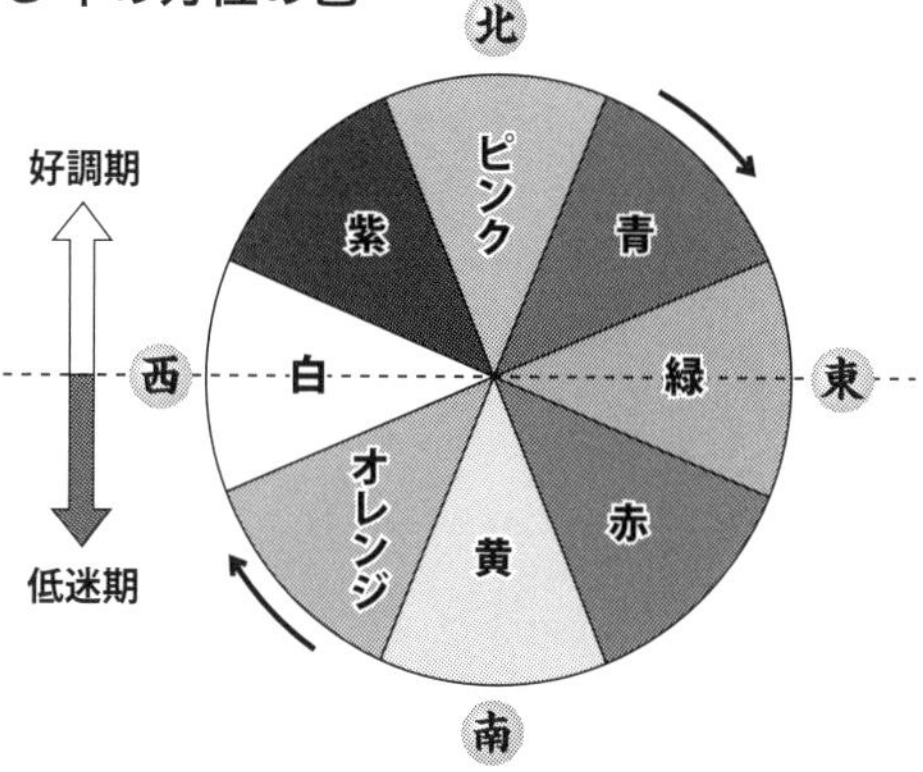

色の羅針盤は、1年ごとに1色ぶん右回り（時計回り）に回転し、8年後にもとに戻ります。上図のように、真上の頂点の位置が北で、真下の底の位置が南です。羅針盤の上半分の位置が好調のときで、下半分の位置が低調のときです。

2018年はピンク色が北の位置に来ます。運命の色がピンク色の人が、2018年は最高潮ということです。自分の運命の色が北の位置にあるときがもっともよい時期なので、数年前から目標を持って準備することが大事になります。低調へ向かう時期はなるべく新しいことはせずに、人の意見を聞くなど、慎重に行動するとよいでしょう。

2019年は紫色が北の位置に来て、ピンク色は北東の位置に移動します。基本的に、その年の自分の運命の色の方位がよい方位で、正反対の方位がよくない方位になります。

（註）色の羅針盤（カラーコンパス）は、輪廻伝承で著者に伝承されてきたものです。8種類の色と年や方位が書き込まれ、その年に起こる事象の傾向などがわかります。

本書では、自分の生まれた年と月、血液型によって運命の色（テーマカラー）がわかるようにしました。生まれた年の運命の色は118頁の表でもわかりますが、羅針盤にある生まれ月と血液型の組み合わせによる運命の色も参考にしてください。基本的には生まれ年の運命の色がメインですが、生まれ月・血液型の組み合わせの色もヒントとなるでしょう。各8種類の色の意味や傾向は、150頁以降の表を参照してください。

また、毎日毎日にその日の色がありますが、上記の生まれ年の色と生まれ月・血液型の色の両方がわかれば、あなたの運命にとってその日がよい日なのか、あまりよくない日なのかがわかります。魂の色（ソウルカラー）やさらに詳細を知りたい方は、下記までアクセスしてください。
『角田式カラーチャート』　http://gomokusha.co.jp

るに、そうして全体のバランスをとっているのです。

8年周期でアップダウンを繰り返していくので、羅針盤を見れば、自分の色が今年はどの位置にいるかがわかります。

だから、自分はどの年で積極的に行動を起こしていけばよいのか、あるいは静観していくのかを見極めることができるのです。そしてその時期は、自分の色によってそれぞれ違うわけです。

方位にも色があります。それぞれの人にとって、よい方角、よくない方角というのがあるのです。

よい方角、よくない方角というのも、その年、その月、その日などによって変わっていくので、厳密にいえばかなり細かくなり、ひとりひとりによってすべて違ってくるのです。

確実なことは、本人に会ったり、名前を見たりしないとわかりませんが、そんなに単純ではないということは知っておいてください。

だから、パワースポットめぐりがブームになったとき、多くの人たちが全国から集まってきましたが、必ず事故に遭ったり、体の調子がわるくなったりする人がいるはずです。

タイミング的に、その日にそこへ行ってはいけないという人がいるからです。

また、世界の国の色というのも8種類あります。

羅針盤で見ると、日本の色が底の年に来るときに、よくないことが起きていることがわかります。アメリカにもアメリカの色があり、9・11の同時多発テロやリーマンショックなども、アメリカの色の位置が底のときに起きているのです。

ちなみに日本の色は赤ですが、赤が底の位置、つまり南の位置にある年には、日本では歴史上最悪の自然災害が起きています。

いまだ記憶に新しい2011年の東日本大震災は、戦後史上最大の自然災害ですが、そこからざっと遡れば、戦後史上2番目の自然災害である1995年の阪神・淡路大震災、日本史上最大の自然災害である1923年の関東大震災、1707年の宝永地震は日本史上2番目の大地震ですし、同年は富士山最後の大噴火である宝永大噴火も起きています。

まだまだ遡れますが、これらの年はすべて日本が南の位置にある年なのです。

別に脅かそうとしているのではなく、私に伝承された色の羅針盤に基づくとそうな

■日本の歴史上の災害と年の一覧表

915年	十和田湖大噴火	日本における過去2,000年間で最大の噴火
1707年	宝永地震	日本史上２番目の大地震
	宝永大噴火	富士山最後の大噴火
1891年	濃尾地震	日本史上最大の内陸部の直下型地震
1923年	関東大震災	日本史上最大の自然災害
1995年	阪神・淡路大震災	戦後史上２番目の自然災害
2011年	東日本大震災	戦後史上最大の自然災害

世界の国にも色がある。日本は赤であり、「色の羅針盤（カラーコンパス)」で見ると、赤が南（底）の位置にあるときに日本では大災害が起きていることがわかる。次に日本が南の位置に来るのは 2019 年だ。

るということです。

そして、次の日本の底は2019年です。だから、2019年とその前後1年は、特に注意が必要な年だと予測できます。

予測といえば、2009年の『フライデー』の記事で、私は菅直人内閣は夏で終わると言いました。AKB48の大島優子さんも卒業するかもしれないと言うと、記者さんは「そんなことはないでしょう」と言いました。

あといくつかの予想を立てたわけですが、ほかにも6人ほどの占い師がいました。その後、記者さんから連絡があって、私だけが当たったと言うので、私は「当たった当たらなかったではなく、これはわからないほうがおかしい」と言いました。

「何でわかるのか」と聞かれましたが、わかるからわかるので、私はそういうことがわかる部類の人間だとしか言いようがないのです。

色の羅針盤にしても、おそらく最初にそういうことがわかった人から、ずっと私に伝承されてきているということなのでしょう。

何かの学説にでも基づいていれば、これは誰それの理論とか、本に書いてあるなどと言えるのですが、私には師匠や先生がいないのでそういうことも言えません。

ただ、それを宿命として私の魂が受け継いできて、今、こういう表現でお伝えしているということです。

実は、こうした予言のようなことは、来年はこうなる、再来年はこうなると具体的に書いておくと、それが変わったりする場合もあるのです。

だから、ネガティブな出来事に関しては、そうした媒体で発表するということも重要になってきます。ひとりでも多くその内容を知るということが、すごく大事なことなのです。

予言というのは、人の念です。災害を起こしたいという念の人がネガティブな記事を読んだりすると、本当に起きてしまう可能性もありますが、基本的には予言というのは予防です。予防線を張るということです。

「こういうふうになってしまうから、気をつけましょう」ということを、頭にインプットすることが大事なのです。

知らないでもよいことを知ることにより、病気でも何でもそこに意識がいくから、本当にそうなってしまうという話もあります。

しかし、実は逆のこともあり、病気が治ることもあるのです。人間の体にはそういう機能があります。自己治癒能力です。

情報をインプットした人は必ず自分でリセットをかけます。だから、よくない方向がいったんリセットされて、本来の道に戻るわけです。

私も情報を与えた以上、責任がありますので、個人相談の場合は状況に合わせてケアをしていくことになります。何かを伝えるということは言霊《ことだま》なのです。「思い」が言葉に乗って現象化していくのです。

そのあたりのメカニズムについては、かなり難しい話になるので、本書では詳しく触れることはできません。

また、占いでもそうですが、自分の星座は何座だからこうだとか、血液型が何型だからどうだとか、その分類に自分を当てはめてがんじがらめになる人がいます。

私の羅針盤も8色に分類されていますが、羅針盤はがんじがらめになった自分を一度リセットするためのものなので、色の分類自体にがんじがらめにされないようにしてください。

たとえば買い物をするときでも、私に「どの色を買えばいいのか」とたずねてくる人がいます。私は、自分の好きな色を買うように言います。

たとえば、自分の魂の色に合っている色と、たまたま正反対の色のものがほしくなることもあるでしょう。そのときはその色を買えばよいのです。それで失敗をしたとしても大したことではありません。

洋服を衝動買いして、やっぱり自分に合わないからと着ないとしても、それは無駄ではありません。その服をどうすればよいのか考えるからです。

誰かもっと似合う人にあげてみたり、チャリティーに寄付したり、この色はやはり自分には似合わないのだという知識にもなります。

そうなれば、もう同じことはしなくなるでしょう。それがリセットなのです。短時間のリセットです。そういうことをわかってほしいために羅針盤を作ったのです。

世の中には、これが今年の流行の色だとか、いろいろなスターのファッションなどの情報があふれています。あまりにも情報が多すぎて、ほとんどの人が自分で判断も決定もできなくなっているのです。

だからこそ、自分の魂の色や運命の色を知って、自信を持って自分に合った生き方をしていただきたいと思います。

たとえば、自分の魂の色や運命の色の洋服を着ると、わりとものごとがスムーズにいく場合が多くなります。普段は公共の場などで発言をするような性格ではない人でも、自分の魂や運命の色の服を着ると発言できたりするのです。

色にはそういう力があります。その人によって自信のつく色、自信をなくす色というのがあるのです。

着ている服が何となくしっくりこなくて、どうも積極的になれないという経験は誰にでもあるでしょう。デザインの好みもありますが、色自体が合っていない場合が多いのです。

バブル期のいわゆるワンレンボディコンが流行った時代は、女性のみんながみんな同じ格好をしていました。そうなると、バストの形やヒップの大きさはそれぞれが違うので、やはり似合う人と似合わない人が出てきます。

バブル時代は似合わない服を着ている人が大勢いたのです。スタイルも色も流行に合わせただけの格好をしているので、自分本来の個性が出ず、印象もよくありません。だから、そういう女性は男性にもモテません。魅力がないのです。

私たちは、もっと個人個人の魂の色を前面に出すべきです。うわべや表面だけで生きていても、人生はなかなかうまくいきません。

よいことというのは、みんながよいと言うことではなくて、自分にとってよいことがよいことなのです。自分は世界にひとりしかいないのですから、もっと自分を大事にするべきではないでしょうか。

いまだに街を歩いて見ていても、似たような体型や似たようなタイプの人は、やはりみんな似たようなファッションをしています。

前章でもお伝えしましたが、人間には必ず品格があります。もともと持って生まれてきた品というものがあるのです。

品格というのは、輪廻伝承された宿命をどのくらい完結させてきたかということです。品がよいということは、過去世でいろいろな経験をしてきて、人間的に素晴らしい人間になってきたという意味です。

だから、安い服を着ていても、すごく高級な服に見える人もいれば、100万円のシャツを着ていても安っぽく見える人がいるのです。その人の品格が違うからです。自分らしさが出ていれば、値段が安い服でも品がよく見えます。似合っていないと下品に見えたりします。

基本的に品格というのは「自然」であるということなのです。

●仕事も8種類

その人の運命の色は、この世に生まれたときに青なら青と決まり、この世を去るときまで変わりません。そして、魂の色も赤なら赤と決まっているので、魂の色と運命の色をうまく合わせていけば、この世で成功することができるのです。

本書2、3頁のカラーチャートを使って、自分が感じた色とそのときの自分の状態を照らし合わせていけば、だんだんと自分の魂の色がわかってきます。

そうなれば、「あ、この色を感じたから今日は調子がわるいな、じゃあ、こうしよう」ということがわかるのです。

本来、自分のタイミングというのは、自分自身の中でしか作れないものです。調子がわるいと、そのタイミングがずれてしまいます。

118頁の表や羅針盤を見れば、自分の生まれた年で運命の色がわかるので、この世の宿命の運び方は最低限わかってくるでしょう。そうなれば今は魂の色がわからなくても、必然的に魂の色に従っていけるようになります。

自分の魂に合った仕事をしていれば、この世では基本的に努力はいりません。他人には努力しているように見えても、本人にとっては別に努力ではないのです。ほとんどの人は、自分にできないことをしようとするから努力するのです。欲や見栄、情報や知識に惑わされると、逆に自分には向いてない仕事を選んでしまい、上から抑圧されたり、同僚からはじかれたりするのです。

魂の色は8種類あるので、たとえば営業に向いてるとか、内勤に向いているとか、あるいは指示をする人、実行する人、結果を出す人など、それぞれに自分に合った仕事があるのです。そして努力をしなくても、それぞれの仕事で成果を上げることができます。

地球には8種類の人間がいると言いましたが、この世の仕事も大きく分けると8種類です。その8種類から、時代に応じて細かく枝葉が分かれているだけなのです。

たとえば衣・食・住で見れば、同じ服飾関係でも靴下から下着、帽子までいろいろとあります。飲食関係でも肉屋さん、八百屋さん、魚屋さん、中華料理からフレンチまで何でもあります。住居に関しても建設会社や大工さん、設計士やインテリアデザイナーなど、いろいろな職種があります。

そういうふうに細かく分類はできますが、大枠としては仕事は8種類しかありません。その中で自分に合った仕事を感じ取ることが大事なのです。

それぞれの色に合った職業や職種の傾向については、あくまで参考として次頁に表にしましたが、まずは大きな意味合いとしては次のようになります。

赤色は肉体系です。スポーツなど、体を動かす仕事です。

黄色は器用系です。求めに応じて形にする仕事。この世では飲食業が適しています。

オレンジ色は芸術系です。誰もしなかったようなものを創造します。

白色は忠実系です。真面目にコツコツとやる仕事。もの作りなどに向いています。

紫色は先生系です。知識を人に教える仕事です。

ピンク色は調整系です。ものとものとをセンスよく組み合わせたり、人と人をつなぐ仕事です。

青色は研究系です。学者タイプの人。マニュアルを作り出していく仕事です。

緑色は奉仕系です。人がイヤがるような仕事を率先してできるタイプです。

これで8種類です。

大もとの8種類から、細かく職種が枝分かれしていきます。だから、この世には私

■魂の色と仕事

魂の色	仕事の種類	職業・職種の内容例
赤	肉体系	体を動かす・体を使う仕事。 スポーツ関係など。
黄	器用系	要求・期待に応える仕事。 飲食業・営業関係など。
オレンジ	芸術系	新しいもの・誰もやってないことを 作り出す仕事。芸術関係など。
白	忠実系	真面目にコツコツやる仕事。 職人、もの作り関係など。
紫	先生系	人を指導したり、知識を教える仕事。 教師関係など。
ピンク	調整系	ものや人をつなげる・アレンジする仕事。 コーディネーター、服飾関係など。
青	研究系	研究したり、マニュアルを作る仕事。 学者関係など。
緑	奉仕系	人が敬遠したり、イヤがる仕事。 介護職、平和活動関係など。

魂の色（ソウルカラー）は８種類だが、この世の仕事の種類も大枠としては８種類しかない。自分の運命の色（テーマカラー）と魂の色を照らし合わせ、自分に合った仕事をすれば成功することができる。

たちのひとりひとりに合った仕事が必ずあるのです。

でも、ほとんどの人がマスコミの情報や人の意見に惑わされて、後ろを見ては後悔し、横を見ては比較して、悩んだり迷ったりしています。

自分本来の使命や役割がわかれば、自分の仕事もわかります。そうすれば後ろも横も見ずに、前へ進んでいくことができるのです。

自分に合った仕事というのは、それしかできないということではありません。むしろ、ほかの仕事をやろうとは思わないということです。

たとえば、心の底から「医者になりたいな」と思った人は、医者になることができます。思った人はなれるのです。

医学部に入れないとか、国家試験に落ちたというのは別の話です。それは、その人の「思い」ではありません。

いろいろな事情があって不本意な仕事をしているという人は、一度リセットすればよいのです。そうすれば、本来の自分に合った仕事がおのずとわかってくるでしょう。

職業に貴賤なしといいますが、どの仕事が上か下か、よいかわるいかということではありません。

たとえばゴミ自体は汚いかもしれませんが、ゴミを収集する人がいなかったらどうするのでしょうか？　俗にいう３Ｋの仕事がなかったらどうするのでしょうか？

すべては自然のバランスなので、それぞれの仕事はその仕事に合った人がやるようになっているし、その仕事をやりたい人が必ずいるのです。

今、ほとんどの人が自分に合っている仕事がわからなくなっています。

ひとりでする仕事が合う人、大人数のほうが合う人と、それぞれに合ったタイプがあるはずなのですが、自分の欲と執着で選択を狭めてしまっています。お金に執着したり、プライドや見栄えに執着して、自分に合う仕事に気づかないのです。

ところで、赤色の魂の人は肉体系なので、スポーツなど体力を使う仕事に向いてますが、青色の魂の人は研究系で考えること、知的な仕事に向いています。

では、魂の色が赤で運命の色が青の人の場合はどうなるのでしょうか？

運命の色は青なので、この世で知的な職業に就いていたとします。でも、魂の赤が強ければ、その人はやがてその仕事を辞めることになるでしょう。あるいは、その会社の中でも赤に合った部署に移ることになります。

たとえば、出版社で雑誌の制作に携わっているとすると、ファッション雑誌やグルメ雑誌、文芸誌などといろいろある中で、自分はなぜかスポーツ関係の雑誌しかやりたくないという気持ちになるのです。

多くの人は会社に勤めています。いわゆるサラリーマンですが、自分の勤めている会社の仕事内容が、自分の魂の色や運命の色に合っていれば問題ありません。

どんな職業でも、部下を指導することに長けている人間もいれば、言われたことを正確にできる人間もいます。制作する側の仕事もあれば、宣伝・広告・営業の仕事もあります。あるいは社内を掃除する仕事に携わる人間もいるわけです。

自分に合っている仕事であれば、お金が入ってきます。仕事が合っていなければ入ってきません。

もちろん、サラリーマンの仕事がよいとかよくないということではありません。仕事の内容が自分の魂に合っているか、合っていないかなのです。

よく「依存」することはよくない、依存しないで自立しなければならないといわれます。それはそのとおりですが、今の社会では、結果的に依存し合わなければ成り立たないようになっています。

極端にいえば、人間は空気や水に依存しなければ生きられないわけですから、人間は何にも依存しないでいることは不可能です。

8種類の色でいえば、基本的に同色の人たちは、お互いに依存しないと仕事が成り立ちません。たとえばスポーツ系の色の人たちがいるとすれば、スポーツ系の色同士で依存し合わないと仕事にならないのです。

野球であれば、まず野球選手が必要です。野球選手を育てる人も必要です。ユニフォームやバット、ボールを作る人も必要ですし、野球場も必要です。テレビ放送も必要かもしれないし、実況中継をする専門のアナウンサーも必要でしょう。

そのほかにも野球の専門誌や専門の記者、カメラマンなど、野球をひとつとっても、いろいろと関わって仕事をしている人たちが大勢いるわけです。

私たちの社会は、すべてにおいて依存し合っているといってもよいのです。

だから、会社員であることや、独立したり、起業するということで迷ったり悩んだりする前に、自分に合っている仕事に気づいていくことが大事なのです。

そして、その仕事は8種類の仕事の中に必ずあるはずです。

世界には、いろいろな分野で立派な功績や業績を残した人が数多くいますが、要は本当に自分の魂に正直に生きたかどうかということなのです。

●自分の仕事（色＝宿命）を知る

この世を去るときに後悔やネガティブな念があれば、それが業となって、生まれ変わるとまた同じことを繰り返します。

だから、どこかの現世で自分の魂の色や運命の色に気づいて、自分の役割や使命をひとりひとりが知らなければなりません。

そして現世の間で、できるだけその役割を完結させなければならないのです。

自分の魂の色がわかれば、自分は本来は体力を使う仕事に合っているとか、室内に引きこもって作業しているほうが向いているとか、そういうことに気づくことができるのです。また、運命の色がわかれば、この世ではその色に合った職業の方向へ進めばよいわけです。

先ほど「引きこもって」と言いましたが、社会問題になっているいわゆる「引きこもり」とは違います。引きこもりは社会の環境によって作り出されたものです。

今は親が子どもを叱りません。そういう家庭の中で、ましてや今の社会環境の中では、引きこもりの子どもが出てくるのは当然です。

しかし、部屋にこもって何かを制作することが好きだということとは、また別の話なのです。それは仕事の適性だからです。そのあたりを混同してはいけません。

子どものころから図画工作が大好きで、毎日絵ばかり描いていて、大人になっても大好きだという人は、やはり芸術家なのです。あるいはもの作りをする仕事に向いているのです。

自分に合っていることをしている人は挫折しません。

仮に一生、平社員であったとしても、自分の色に合った仕事であれば大きな失敗もなく、その人なりの満足感や幸せが得られます。

逆に華やかなスポーツ選手だったとしても、その人の色に合っていなければ、失敗やケガが多くなったりします。

そういう場合はプロの選手を断念して、その人に合った本来の色の仕事、たとえばそれがマネージャーやコーチなど、名選手をサポートする仕事だとすれば、一度リセットしてそちら側に回れば幸せになるのです。

漁師にしても、船が転覆して死んでしまうかもしれないし、消防士にしても火に巻かれてしまうかもわからないのに、世の中には、それでもそういう仕事に好んで就く人たちが必ずいます。

農作業でも、夏の炎天下に毎日水を撒かなければならないし、都会のサラリーマンにしても、毎朝6時に起きて、満員電車に揺られて出勤し、面倒臭い上司に文句を言われながら働かなければなりません。

それぞれの仕事において、別に苦もなく働く人たちもいれば、耐えられなくて辞めていく人たちもいるわけです。

その人たちの魂の色によるのです。それぞれに合っている仕事の分野が違うということであり、本来、それぞれの人に合った仕事があるということです。

何度も言いますが、「あなたはなぜ、○○になっていないのですか？」と今まで想像もしなかった職業を言われても、ほとんどの人は「考えてもいなかった」と言うしかないのです。

それぞれの人に色があるということは、そういうことなのです。逆に、「本当は、○○になりたいとずっと思っていた」と言う人もいるかもしれません。

それが輪廻伝承であり、それぞれに引き継がれている宿命に関係していることなのです。

たとえば、自分の仕事は大工で、棟梁になって若手を育てていくのが自分の役目だとわかっている人は、何があっても動揺しません。めったなことでは揺るがないのです。自分の色がわかっていて、その色に合った仕事をしているという確信があるからです。

だから、今している仕事に違和感を抱いていたり、なぜだかわからないけれども、イヤでイヤでしょうがないというときは、本当は何にも考えないでリセット、つまり辞めるが一番よいのです。

いろいろと考えるから辞められなくなるのです。特に、欲づくめで計算したり、決めたりするとうまくいきません。

自分の人生のはずなのに、どこか自分にはふさわしくないと感じながら生きてきて、晩年になって不本意な結果が出たとしても、あとはもう慰めの言葉しかありません。でも、慰めてもしょうがないのです。言葉は常に都合です。方便なのです。

だから、ほとんどの人は本当の答えを出さないようにしています。その中で人生が終わっていくのです。そしてまた、次へと生まれていく。

そうして同じ人生が繰り返されていくことになります。

多くの人は生活のために仕事をしています。自分の宿命はおいといて、仮の運命を作っていってしまうのです。そうするとなかなか成功しませんし、ストレスも増えていきます。

同じような環境にいて、なぜ病気になる人とならない人がいるのでしょうか？

その説明として、「輪廻伝承」や「色」があるのです。

人は途中でリセットすることが必要であり、またリセットする方法があるのです。

よくスピリチュアル系の話では、自分で親を選んでこの世に生まれてきたといわれますが、それは輪廻伝承でも説明することができます。

魂は当然、親を選んでくるのですが、親と子どもの魂の色がわかれば、それぞれの前世の色もわかるので、どうしてその親へ生まれてきたのかがわかります。

だから、その意味を親はよく理解して、自分の子どもをちゃんと注意して見守ってほしいと思います。これからは本当に、真剣に子どもたちのことを考えていかなければなりません。

マスコミがラグビーを持ち上げたり、サッカーを持ち上げたり、何がブームだ、努力すれば夢は叶うなどと喧伝しても、親は惑わされずにしっかりと自分の子どもの魂の色、運命の色は何なのか、その子の個性や能力は何なのか、何の仕事に向いているのか、しっかりと見極めなければなりません。

でも、なかなかわからないのです。そういう本能や直観が閉ざされてしまっているのかもしれません。

その子に合った仕事は決まっているのですから、本来は赤なら赤、青なら青と、それ以外のことはしないほうがよいのです。

私に言わせれば、本当にシンプルで簡単なことなのですが、ほとんどの人は子どものころから親や先生、あるいは有名人やスターに言われることが正しいことだと思ってしまいます。

「努力しろ」、「努力すれば夢は叶う」など、私にしてみれば、何と失礼で無責任なことを言うのかと思います。

それぞれ世界にひとりしかいない人たちに向かって、「みんなと同じように努力しろ」とか、「同じものに向かって努力しろ」などと言えるはずはないのです。

いずれにしても、これまで見てきたように、世の中の仕事は大きく分けて8種類しかありません。

　そこから時代や環境に合わせて細かく枝葉が分かれているだけなので、自分の色に合った仕事を探せばよいのです。

　それをマスコミなどの情報に惑わされて、自分とは合わない違う色の方向へ行くから、ケガをしたり、挫折したり、病気になったりするのです。

　もともと向いていないのに、スポーツ選手になったり、能力のない仕事に就かされて、「努力すれば大丈夫」などと言われても、その人が可哀想です。

●必ず導かれる

　私はある日、道を歩いているとふたり組の女性に、いきなり「霊能者になりなさい」と告げられました。「今の仕事を辞めなさい」と言われたのです。

　でも、当時は飲食関係の事業で忙しくしていて、そんなことは考えもしませんでした。ましてや、自分に特別な霊能力があるなどと思ったことはありません。

たしかに子どものころから、外で友人と歩いていて向こうからふたり来ると、私には5人に見えるということがありました。でも、みんなも同じように見ていると思っていたので、わざわざ確認することもしませんでした。

社会に出ても、私が訪問先の事務所に「こんにちは」と入っていって、「今日は3人ですか?」と言います。すると相手は「いいえ、ひとりです」と言います。でも、私には3人に見えるわけです。

そういうことは当たり前のことだと思っていましたが、そうではないとわからせられるときがあるのです。自分は霊能者だとわからせられるきっかけができるのです。それが私の場合、先ほどのふたり組の女性霊能者でした。そこで私は自分の宿命を感じ取って、この仕事をはじめたわけです。

だから人は、その人の色に従って、その人なりのきっかけを必ず作られます。係長になりなさいということも、霊能者になりなさいということも同じです。その能力があるから抜擢されるのです。持ち上げられるわけです。

いくら係長や霊能者になりたいと思っていても、その能力がなければなれません。

きっかけがめぐってこないのです。

すべてがそうです。平社員は全員がずっと平社員のままでしょうか？　同じように大学を卒業して、一緒に入社して、どうして上に上がっていく人と上がれない人が出てくるのでしょうか？

その仕事がその人に合っているか、合っていないかなのです。

同じ会社の中にも、紫色の魂の人もいれば青色も黄色の人もいます。そして部署や仕事の内容に合っている人は、その上司から上に引っ張り上げられるわけです。上のレベルの人には、その人が合っていることが「わかる」からです。

要は、抜擢される、引き抜かれるということです。

私は、自分のことを霊能者だと思っていたわけではありませんでした。思っていなくても、道を歩いていただけで、いきなり見知らぬ人たちに、「あなたは人を助けるお方です」と言われるわけです。自然に導かれてしまうのです。それが宿命です。

だから、運命の色を知り、運命の色の仕事をしていれば、自然と魂の色の方向に導かれていきます。上に立って人に指示を出さなければならない人であれば、必ず誰かによって抜擢されるのです。

あります。切り替えの早さがプラスに作用するのです。いつまでもマイナスに落ち込むことなく、プラスに転じたときは、それまで以上に力強く、精力的に行動できるはずです。辛いことがあっても、必ず復活できる力があるので、深く落ち込む必要はありません。

調子に乗るとだまされることが多いので、周りをよく見て、人生設計を考えることをお勧めします。

● 心がける思考と行動

すぐに熱くなりがちなので、ときには立ち止まってみることも必要です。自分を客観的に見ることができると、これまでうまくいかなかったことの理由がわかったり、道が開けてくるでしょう。何か新しいことに出合った場合は、思い込みを捨てることが大事です。

● 直観力 UP !

静かなところで精神統一をしましょう。川、滝、湖など、水があり、自然の中にいる時間を作るようにしましょう。その静けさが潜在的に持っているあなたの力強さ、生命力をより研ぎ澄まされたものにしてくれるはずです。

● 適職（肉体系）

肉体面、体力面に優れている部分が多いので、運動系や体育会系の仕事がよいでしょう。スポーツ選手、格闘家などに向いています。

体育系の仕事に限らず、粘り強いので、組織でいえば、グイグイと引っ張っていくリーダータイプの仕事にも向いています。ただ、細かい仕事や神経を使う仕事に就く場合は、少し注意が必要です。

● あなたの未来

あなたは、自分はもちろん、周りにも勇気と行動力を与えてくれる人です。困難な時期もありますが、それを乗り越えると、それまで以上に大きな成果を残すことができるので、前途洋洋ともいえます。

赤色のあなた

● 傾向（体感）

〈情熱、行動力、持続力、闘争心、心身の活性化〉

赤色の魂の人は、体感が強く、情熱的で、行動力があります。現世では体を動かす仕事、たとえばスポーツ関係に進めば成功します。

同じ赤色でも、体感の強さには個人差がありますし、運命の色が赤色の人でも、魂の色が青や紫の場合もあります。そうすると、同じ赤色でもスポーツ選手として成功する人もいれば、マネージャーとして優れている人、選手を育成する指導者として成功する人もいるのです。

ただ、スポーツ関係や、体を使う仕事の関係から離れてしまうと、本来の自分の向かうべき方向からはずれてしまう可能性が高いのです。

● 性格

闘争心が強く、とっさの判断力にも優れ、激しい気性の持ち主ですが、優しくお人好しのところもあり、誰もがつい気を許してしまうタイプです。ただ、一度イヤなことがあると断固として動かず、人一倍ガンコになる反面、繊細な部分もあり、細かいことにクヨクヨするときがあります。

● 潜在的能力

性格が激しいぶん、強い生命力があなたの奥に眠っています。どんなに辛いことがあっても、しっかりと乗り越えられます。自分の力を信じましょう。

● 行動パターン

思いついたら、すぐに行動に移すタイプです。特に好きなことであれば、まっしぐらに突き進むことができるでしょう。

● 人生

浮き沈みがあり、よいときとよくないときの差が大きいタイプです。しかし、気持ちの切り替えが早く、もとに戻るのも早いという利点がさい。そして、人を好きになりましょう。 そうすることで交友関係ももっと広がっていきます。

● 心がける思考と行動

いろいろなことをすぐに判断したり、見かけだけで決めつけないで、理解したり、受け入れてみるようにしましょう。

今まであまり接してこなかった人と触れ合ったり、行かなかった場所に行ってみるのもよいでしょう。

● 直観力 UP !

ゴールドの指輪やネックレスを身につけてみましょう。石のついた物ならパワーをもらえます。ただし、相性の合わない色はダメです。相性の合わない色とは、いろいろと考えたりしないで、何だかイヤだなという色のことです。

黄色のあなたがイヤな色を身につけると、負の力がより強くなり、マイナスの状態になっていきます。

● 適職（器用系）

何が求められているかを理解し、それを形にしていく仕事に向いています。手先も器用で気が利くので、飲食業やサービス業、営業関係、接客業などがよいでしょう。自信も知的好奇心もあるので、事業家やコンサルタントなどにも向いています。

● あなたの未来

先を読んで行動するので、大きな失敗はないでしょう。ただし、それゆえに大きな冒険も避けてしまいがちです。大きな成果を求めるなら、多少リスクがあることも覚悟し、行動することも大切です。

あなたの持っている明るさと、最悪の状況を察知して避ける能力で、致命的な結果にはならずにすみます。それなりの人生を送るか、大きな賭けに出るべきか、決断を迫られるときが訪れるでしょう。

黄色のあなた

● 傾向（口鼻感／本能）

〈自信、誇り、金運、対人関係、ものごとの実現〉

口鼻感（本能）は、嗅覚と味覚です。鼻をつままれると味がわからなくなるように、嗅覚と味覚は密接な関係にあります。

（本能）とあるのは、食べることは眠ることと同じように本能と結びついているからです。嗅覚と味覚が鋭いということは、食べられるものと食べられないものを区別する能力があるということです。現世では料理人などに向いています。

● 性格

誰もが気軽に話しやすい、気さくな性格です。しかし、好き嫌いがはっきりしているので、顔に出る傾向があります。また、あなたはすぐに結果を求めたがるので、後悔も多いようです。もっと相手を見てから判断するように心がけておく必要があります。時間をかけて何ごともじっくりと判断すると、よい結果が生まれるでしょう。

● 潜在的能力

あなたは状況をすぐに理解し、見抜く力があります。その反面、思い込みに縛られることもあるようです。直観が鋭く、それがよく当たるのですが、すべてを自分の直観だけに頼らないようにしましょう。

● 行動パターン

場の状況や雰囲気を察する勘が鋭いので、いろんなことを先読みして行動します。よく気が利くといわれるタイプの人です。

● 人生

気の合う仲間同士ならよいのですが、あなたと違うタイプの人や考えの違う人を排除しようとします。でも、そこで先入観を排除し、どんな人も区別せずに接することができれば、楽しい人生を送ることができるでしょう。より広い心を持って、人との交流を大切にしてくだそこからスタートします。あなたは自然と相手のことを思って行動する傾向がありますが、相手を持ち上げるだけでなく、自分自身が向上することが大切なのです。そうすれば毎日が楽しくなり、幸せを感じることができるのです。

ただし、わがままは禁物です。楽しいからといって、その状況に甘んじるのでなく、周りがしてくれることも、自分から進んで行動しないと嫌われるかもしれません。 周囲の楽しさも、あなたの幸せから生まれることを忘れないようにしましょう。

● 心がける思考と行動

相手に楽しくなってほしいという心がけは、よいことです。でも、それによって自分を犠牲にしてしまうようでは本末転倒です。常に自分のことを考えるようにしましょう。

相手によってつき合い方を考えること、相性のよいと思う人には自分を許し、甘えることも大切です。

● 直観力 UP！

アロマテラピー、マッサージなどを入浴中に行なうとよいでしょう。何も考えずに行動が先になってしまうあなたは、イマジネーションを働かせることを心がけるようにしましょう。

● 適職（芸術系）

人が集まるところで個性を表現したり、人に注目される仕事がよいでしょう。芸術関係や、発想力を活かして新しいものを作ったり、新しいことにチャレンジしていく仕事も向いています。

● あなたの未来

あなたは、よいパートナーを見つけることができると、お互いを高め合い､楽しい人生を送ることが約束されています。そのパートナーも、あなたのような人を見つけようとしているのです。

オレンジ色のあなた

● 傾向（感情・感性）

〈喜び、明るさ、好奇心、積極性、チャレンジ精神〉

感情・感性が優れているので、芸術家に多いタイプです。感情が強く、自分の個性を表現することに長けています。

発想力が豊かで向上心も強いので、流行を先取りしたり、誰もしていないことをしようとします。何もないところから新しい何かを生み出すことができるのです。

● 性格

快活で明るい性格ですが、常に周囲の状況に気を遣ってしまう傾向もあります。あなたの周囲の人や関係のある人が楽しければ、自分も楽しめるというタイプなのです。周りの状況しだいで変化することが多いようです。そのため、ダシに使われることもしばしばあります。そんなときには、自分の気持ちに素直になりましょう。それでも、いろいろな場面でトータルに楽しくやれる性格です。

● 潜在的能力

人を楽しませる性格ということは、エンターテイナー的な能力があるといえます。また、潜在的ではないかもしれませんが、人を明るく愉快にさせる才能もあります。一方、静かにすべきところでも、ついつい楽しくなってしまい、場の雰囲気を壊しかねないので少し注意が必要です。

● 行動パターン

どこでも楽しく愉快にと考えているので、楽しいことを見つけることができます。行動力もあり、じっとしていることが嫌いです。動くことであなたの活力はより強くなってくるでしょう。

● 人生

あなたには、自分を立ててくれるパートナーが必要です。すべては事です。相手に何かをしてもらうより、自分自身で体験し、幸せを自分で作り出しましょう。

無理して作られたものは必ず滅び、長続きはしません。 幸せを持続するためにも、真っ先にあなたの幸せのことを考えましょう。

● **心がける思考と行動**
いろいろと考えてから行動してしまう傾向があるので、ときには思いの向くままに行動してみましょう。本当は好奇心が旺盛なので、眠っている力を表に出すと、より行動的になり、知らない世界が広がっていくでしょう。

● **直観力 UP !**
能力のある人の集まりに出かけること。そこに集まる「気」を浴びることで、潜在的な力を引き出すことができるでしょう。神社などもあなたの直観力を高めてくれます。

また、自然（緑、水、土）のある場所もよいでしょう。必ず、自然に触れることです。

● **適職（忠実系）**
あまり定職を持ちたくないタイプのようです。自営業やアルバイト、フリーターなどをする人が多いかもしれません。根が実直で真面目なので、人に忠実に仕えるような仕事関係が向いています。

また、コツコツと努力できるタイプで、五感にも優れているので、大工などの職人のように、もの作り関係の仕事にも向いています。

● **あなたの未来**
周囲に流されがちですが、自分の姿を見つめ直し、本当の自分を発見すると、逆にあなたに合わせてくれる人が増えてくるでしょう。同じ白色の人とは非常に相性がよいので、パートナーを見つけることが、あなたの未来のカギを握るポイントです。

白色のあなた

● 傾向（感覚）

〈純粋、清純、清潔、無垢、浄化〉

感覚は五感全体の能力に優れているので、もの作りなどに向いています。いくら感性が鋭くても、感覚が優れていなければ、イメージを具体的な形にはできないのです。また、白は純粋で実直、高い理想などを現わすので、人からの信頼を受けやすい傾向があります。

● 性格

白い色のイメージ通り、純粋で無垢なところがあります。また、喜怒哀楽を表現することも得意です。一方、空気を読んで人と合わせることができるので、風見鶏的な面もあります。

人に従うように見えて、実は自由で正義感も強く、理想も高い。束縛を嫌いますが、誰にでも分け隔てなく笑顔で接することができるので、友だちもたくさんできるタイプです。

● 潜在的能力

清らかなものを好む傾向があり、人の知らない新しいものや、本来のものが気になるところがあります。好奇心も旺盛です。

● 行動パターン

純粋なものが好きなので、まだ使えるにも関わらず、ついつい新しいものを買ってしまう傾向があります。少し飽きっぽいところもあるので、その点は意識したほうがよいでしょう。

● 人生

自分の思いがあるのに、あまり自分を出さず、人に合わせすぎると自分の幸せが遠くなります。まず思い切って、自分を出して個性を主張しましょう。そうすれば、あなたの存在感が増します。

でも、何ごとにも自分が関わっているという実感がないので、幸せもあまり感じることができません。自分流の楽しみ方を作ることが大

● 人生
ひと言でいえば、完璧主義者です。何も不自由がないのであれば、最高の人生が送れます。しかし、何か気になることがあると、すべてがうまくいかなくなる傾向があります。マイナスのことが後を引くタイプですが、もっと人生を楽しむようにしてください。

100％楽しむということが苦手ですが、自分をさらけ出し、気持ちよくなる努力が必要です。自分に合う相手を探すのは大変でしょうが、自分の面倒を100％見てくれる人や年上の人がよいでしょう。少しくらいなら妥協して、完璧さをあまり追求しないほうが、人生を楽に送ることができます。

● 心がける思考と行動
ある程度、妥協を心がけるとよいでしょう。それでも、他の人から見れば妥協には見えないのです。今まで以上に、リラックスすることを意識してみてください。

● 直観力UP！
もともと鋭い直観が備わっています。瞑想をするとさらにアップされるでしょう。樹木の多いところもおすすめです。

● 適職（先生系）
人と違う能力を持っているので、指導者や教師など、人に知識を教えたり、人を導く仕事に向いています。ヒーラー、占い師、気功師、宗教家など、紫色の人は霊感の強い人が多いのです。また、画家、デザイナー、作家のようなアーティストもよいでしょう。

● あなたの未来
潜在的に持っている神秘的な力によって、自然にうまくいく方向、成功する方向へと導かれていきます。自分の気持ちに素直になれば、豊かな生活が送れます。

紫色のあなた

● 傾向（霊感）

〈霊性、崇高、直観力、判断力上昇、恋愛成就〉

神秘、成熟、悟りなどを現わす大いなる癒しの色です。人間は活動力が落ちてくると、紫を必要とする傾向があります。徳の高い宗教家が用いる色でもありますが、心の中の気持ちしだいでは高貴にも下品にも見え、見る人の真実を現わす色でもあるのです。

紫色の人は正しいことを見極める能力が高いので、人にものごとを教えたり、指導することに長けています。

● 性格

「まずは他人が先」という控えめなタイプであり、信じやすくだまされやすい傾向があります。だまされても、すべてを許す気持ちになればよいのですが、神秘的な資質の持ち主でもあるので、憎しみが相手に伝わることもあります。だから根に持たないことは、自分を大切にすることにもなります。

「他人ではなく、まずは自分から」をモットーにし、「他人は次」という考え方をしましょう。でも、その気持ちをストレートに出しすぎると、自分勝手と誤解を招くことになるので注意が必要です。

● 潜在的能力

他人には理解できない世界や事柄が、瞬時にわかってしまう力があるようです。でも、それは「何かヘンだな」とか「ピンとくる」など、はっきりと言葉では表現できないものが多いので、無理に表現する必要はありません。

● 行動パターン

突然、わけのわからない考えが浮かんだり、行動を起こすこともあるでしょう。それは魂のおもむくままの行動なので、身の危険を感じたり、人に迷惑をかけたりしなければ大丈夫。他人の力によって、自分との違いを知るためにも、一度は経験してみることも大切でしょう。

必要です。

● 心がける思考と行動

周囲の人に気を遣いすぎることなく、自分の心に素直になることが必要です。それを周囲も期待しているところがあります。

人に迷惑をかけない程度なら、マイペースと言われようが、わが道を進むのがよいでしょう。また、やりたいと思うことは、すぐに行動に移しましょう。自分をなくさないようにしてください。

ただ、個性を追求しすぎて行きすぎることがあるので、少しは周りの声にも耳を傾けましょう。

● 直観力 UP ！

好きなアクセサリーを身につけたり、少量のアルコールを飲んで頭の働きを休ませることによって、新しい感覚も覚えることでしょう。また、部屋のインテリアを変えてみるのも効果的です。

自分なりの気分転換の方法を身につけると、あなたの持っている直観力がさらにアップします。

● 適職（調整系）

物をアレンジしたり、人と人をつなげるような仕事に向いています。スタイリストやコーディネーター、アーティスト系の仕事など、ひとりで決めていく仕事が合っているでしょう。服飾、宝飾関係などにも向いています。

● あなたの未来

個性的なあなたは、独自の世界観を持ち、その世界を確立していきます。ただ、自分が理解できる世界について、周りもちゃんと理解できるとは限りません。あなたの考えに賛同する人を増やすことができれば、あなたの未来は大きく開けますが、邪魔も入りやすくなるので注意が必要です。

ピンク色のあなた

● **傾向（聴感）**
〈愛情、やさしさ、思いやり、幸福感、恋愛力向上〉

何ともいえない幸福感が漂い、やわらかなイメージがあります。どことなくぬくもりを感じさせ、好感度も高いです。

● **性格**
一見、ほんわかとしていて、何にも無関心のように見えますが、実はいろいろとチェックするタイプです。ファッションも個性的なものを好み、誰も着ていないような服を探して、着たりすることが好きです。

優しそうに見えながらも、ガンコな一面をのぞかせることもあり、他人にとやかく言われたくない性格でもあります。場合によっては、嫉妬深くなることもあります。

● **潜在的能力**
あなたは自分の価値観を大切にし、ときには人と違うことをしたり、違うものを身につけたりすることで、目立つことに喜びを感じることもあるでしょう。それだけ美に対する意識が高く、同時に美しいものを生み出す力もあります。

● **行動パターン**
自分では普通と思っていても、突飛な行動と思われることもあるかもしれません。マイペースな人と言われることもあるでしょう。しかし、それがあなたの個性のひとつでもあり、魅力でもあります。

● **人生**
同じ感覚を持った人たちとの交流を大切にしたがり、私生活は外部に見せないようにする主義です。家と仕事場の区別もできます。楽しみを見つけることもうまく、充実した日々を送ることができます。

その気分を大切にしてください。 長い期間、自分のやりたいことができずにいると、ストレスを溜めて、体調を崩しかねないので注意が状況がわるくなればみんな引いてしまいます。もっと慎重に行動することを心がけましょう。

持って生まれたパワーが強いので、大成するのもこのタイプです。短期間で一生ぶんを稼いでしまう人もいるようです。よきパートナーを探すと、大成は間違いないでしょう。ただ、天狗になりやすいので要注意です。

● **心がける思考と行動**
周りの人の意見や考えにもっと耳を傾けましょう。もともとは、あなたの才能や魅力に惹かれて集まってきた人たちが助言してくれるので、有益な情報がもたらされます。ただ、中には打算的な人もいるので、その人をどう見分けるかがカギとなります。

● **直観力 UP !**
気のおけない異性との会話など、いつも頭と心をリラックスさせてくれる人がそばにいると、熱くなりがちな気持ちがクールダウンし、リフレッシュできるでしょう。

● **適職（研究系）**
ひとつのことに集中して探究する仕事に向いています。学者や研究者、開発者などが合っているのです。

ビジネスの世界であれば、グイグイと進めていく事業家、カリスマ性のある社長業などにも向いているでしょう。やや強引なくらいがあなたの魅力であり、そのやり方が才能を引き出してくれます。

● **あなたの未来**
支持者や支援者を多く集め、組織を引っ張るリーダーとなることができるでしょう。それが大きな組織ではなくても大成し、尊敬を集めることとなるでしょう。青がテーマカラーの人は、次世代のリーダーとなる人です。

青色のあなた

● 傾向（考感）

〈理性、冷静、客観性、集中力、思考力向上〉

基本的に理知的で内省的です。明るい青は積極性、淡い青はやさしさや穏やかさ、深い青は冷静・鎮静を導きます。青の人は知的で客観的な傾向があります。

● 性格

人一倍、他人との差が気になり、周りのことも気になる性格のようです。常にトップを意識しているため、余裕がなくなると周りが見えなくなり、精神的に不安定になることもあります。そういうときは、人の話が聞けなくなってしまうのです。もっと相手の話を聞けるような自分を作りましょう。

よく“絶対”というような言葉を口にしがちですが、この世に“絶対”はありません。でも､あなたはリーダー気質や責任感が人一倍強く、面倒見も大変よいので、人々から尊敬されるタイプでもあります。

● 潜在的能力

表面に出すパワーも強いですが、それ以上に奥に秘めた闘志のほうが強いのがあなたです。ときには、自分は人と違うというエリート意識を持ってしまうことがあります。

● 行動パターン

他人の目を気にせず、自分の信念を貫くという気持ちで行動することがあります。賛同者が多ければよいのですが、批判されているのにそうした行動を続けていくと、単なるわがままな人と思われてしまいます。

● 人生

先頭を切って前に進んでいく気持ちが強いため、敵も多く、誤解されやすいタイプでもあります。正しい道を進めば､人はついてきますが､

んが、あなたの持っている平和主義的な意識の活用しだいでは、その方向性の分野で大きな実りを成すこともあります。

　また、家族を大切にするので老後も安心でき、全般的に安定した人生が送れます。ただし、それも相手しだいというところもあるので、あなたのパートナーや、周囲にいる人たちに関しては慎重に選択する必要があるでしょう。

● 心がける思考と行動
　無難な行動や発言が多いので、ときには殻を破った発言をするとよいでしょう。「あのおとなしい人が…」と注目を集め、あなたの思い通りにいくことも出てきます。

● 直観力 UP ！
　北に鏡を置き、日に何度も見て、自分の顔の変化に気づくようにしてください。花などを見るのもよいでしょう。

● 適職（奉仕系）
　人が敬遠したり、イヤがるような仕事に向いています。介護や福祉、廃棄物の処理などに関係する仕事なども合っています。ソフトな印象を持たれるので、受付係などにも向いています。

　また、自ら事業を興すよりは、管理職など管理する側に回ったほうがよいかもしれません。平和を愛するあなたには、社会事業家という選択もあります。その場合も、サポート役に回ったほうが向いているでしょう。

● あなたの未来
　あなたの周りにはやさしい人が多く集まってくるでしょう。その人たちに囲まれながら、穏やかな人生を送ることができます。ともに暮らす人、仕事をする人をうまく選べば、平和の見本のような生活を送れるでしょう。

緑色のあなた

● 傾向（視感）

〈平和、調和、安心、緊張緩和、ストレス解消〉

大自然の色であり、安らぎや平和、希望をもたらしてくれます。人と人の間に入って、調和を作り出すことができるのです。緑色の人が関わると、ものごとが自然に運ぶようになる傾向があります。

また、人がつい見逃してしまうようなことにも、気がつくことができる力があります。

● 性格

あなたは常に争いごとを避ける傾向があります。平和主義者ともいえるのですが、ときには失敗を人のせいにすることもあるようです。実はけっこう気が小さいタイプかもしれません。

人生には避けられないこともあるので、自分のことは自分で対処することが大切です。気性はソフトで、人にはやさしいので周りの人に好かれます。集団の中に緑の人がいると「何となくまとまる」、そんな存在です。自分をアピールすることを心がけていくと、やがては高い地位につくことができます。

● 潜在的能力

平和や安定を好み、安らぎに対する意識が高いので、やさしいものや安らげるものを見つけたり、作り出したりする能力があります。

● 行動パターン

安全なほうへ、何事も起こらないほうへと行動する傾向があります。それはそれでよいのですが、ときにはリスクを冒すことが必要な場面もあります。そこで思い切れるかどうかで、人生を大きく変えてしまうことも起こるでしょう。

● 人生

平和、安全、安定主義です。大成功することは難しいかもしれませ

第3章

“リセッター”の誕生

●不思議な力を持ったサッカー少年

私はどのようにして「リセッター」になったのか、お話していきたいと思います。

私は1958年、昭和33年に東京の大田区で生まれました。

東京タワーと同い年です。自身の成長期は第一次高度経済成長期とちょうど重なっていますが、子どものころはまだまだのんびりした時代でした。

実家は父方の祖父がはじめた魚の仲卸をしていました。けっこう景気はよかったようで両親は仕事で忙しくしていましたが、私は私で暗くなるまでずっと友だちと外で遊んでいるような元気な子どもでした。

幼稚園のときに友だちが年上の子にいじめられたと聞いて、「よし、俺がやっつけてやる」と仕返しに行ったこともあります。正義感は強いほうだったと思います。そのころの友だちとは、今でもつき合っています。

商売人の家だったので人の出入りが多く、ほかの友だちよりもいろいろな大人と接する時間がありました。

公立小学校に入ったころでしょうか、家に来るお客さんにあいさつをしていると、「この人はお腹のあたりが痛いんじゃないか」と感じることが何度かありました。それもお腹だったり、頭のほうだったりと人によって違うのです。

どうしてわかるのか、自分でも理解できなかったのですが、しばらくしてその人が入院した、手術をしたなどと親たちが話をしているのを聞いて、「ああ、やっぱりな」と思っていました。

小学校1年のある日、風邪で高熱を出し、何日か寝込んでいました。ようやく目が覚めて外をボーッと見ていたら、いつの間にか斜め上から自分を見ていることに気づいたのです。

いったい何が起こっているのだろうと思いましたが、恐怖感はありませんでした。ただ驚くばかりで、何もすることができませんでした。金縛りにあった状態です。

そのとき、母が階下から私の名前を呼びました。そこで、ふっとわれに返ることができなかったら、あのまま死んでいたのかもしれないと思うことがあります。

その後も同じようなことが2、3回ありました。当時は幽体離脱という状態を知るはずもありませんでしたが、あのときの体験はまさにそうでした。

小学校、中学校時代は勉強もしないでサッカーばかりしていました。勉強はできないほうでしたが、必要がないとも思っていました。

中学ではサッカーで区の大会で優勝したり、東京都の大会でもベスト8に入りました。当時のメダルはまだ実家にあります。

高校受験の前日まで遊んでいるような有様でしたが、大学付属の私立高校に何とか受かりました。高校でもサッカー部に入って得点王となり、先輩やキャプテンにもずいぶんと可愛がられました。大学の部長からもスカウトされるぐらいでした。

そのまま大学に進んでサッカーを続けたかったのですが、両親の教育方針、特に母親の教育に対する考え方が特殊で、高校の担任の先生も交えて話し合ったのですが、結局は手に職をつけるということで調理師の専門学校へ行くことになりました。

専門学校を一年で卒業して、先生の推薦で調理師協会のレストランに就職することになりました。

そこからすぐに代官山の有名なレストランに移りましたが、六本木にフランス料理店をオープンするというので、いきなり料理長としてスカウトされたのです。

23歳のときでした。

いつのまにか飲食事業で大成功

レストランで働いて2、3年で料理長になるということは前代未聞で、先輩や同僚に「何で角田が?」とさんざん言われました。

自分でも不思議でした。実際、ほかの人たちと比べて、特別な努力をしたということはまったくないのです。

同時期に私と同じ店で働いていた料理人たちは、寝る間も惜しんで勉強していました。海外からフランス料理やワインの原書を取り寄せて、辞書と首っ引きでノートに書き込んだりしていました。

私は、食材を見て耳もとに持っていくと、「こうやって調理して、こういうメニューにすれば美味しくなって、お客さんにもとても喜んでもらえる」という食材の声が聞こえてくるのです。そしてそのとおりにすると、お客さんがリピーターとなってどんどんと増えていきました。

だから、特別な秘訣はないのです。感性だけです。白い紙をバーンと出されたら、

本来は、料理人は素材の声を聞かなければならない。レシピ通りの料理は誰でもできるが、個性が出ない。マニュアルなどを見て初めからこういうものだと決めつけると、そこから出られなくなってしまう。

パーッと描くというだけです。料理も同じです。

調理師学校で教えていたこともありますが、生徒たちにはニンジンを持たせて、「はい、耳に当ててごらん。これは何の料理に使ってほしいか？　考えて聞いてごらん」と教えていました。

すると上層部から、「レシピどおりに教えてほしい」と注意をされました。私は「レシピどおりに教えても通用しません。同じニンジンは1本もないからです。生徒も全員違うから、それぞれの感性を磨かなければダメです」と言いました。

生徒たちには、自分が生まれてから

どういうニンジン料理を食べてきたのか、それと同じような料理にプラスして、新しくもう一品できるように教えていきます。そうすると生徒は50人いるので、50種類の料理ができるわけです。そのほうが勉強になります。

レシピは、レシピをわたせば誰でもできます。だから、どこの学校で習ったのかということは、あまり意味がありません。学校で習うことと、直接働くこととは違うからです。

何でもそうですが、本に書いてあったからとか、これはこういうものだからなど、何々はこういうものだと決めると、なかなかそこから出られなくなります。

みんなが同じ料理を作ったとして、みんなが同じ味にならなければいけないということはありません。

それが個性だからです。そこをみんな勘違いするのです。

たとえば、「吉兆」のような有名店の味を出すとすれば、同じようにしなければばなりませんが、いろいろな味があってもよいのです。

以後、引き抜きもあって、さまざまなレストランの料理長となり、20代半ばで会社を興して代表に就任し、飲食業全般の仕事を大きく手がけることになりました。ラーメン屋さんと焼肉屋さん以外はすべてやったのではないでしょうか。

でも、それらも自分から積極的に働きかけたことはなく、次々と声をかけられて、いつの間にかにそうなったという感じなのです。

ふたり組の女性霊能者現わる!

すでに20代後半で、私はお店に一週間に一度出るだけで、高額な顧問料を得ていました。そして、会社の利益はすべて新しい事業に投資しました。

そのような勢いで5年ほど経ったとき、取り引き先が自己破産して1億円の損失が出ました。大手デパートに私のお店が6店舗入っていたのですが、間に入っていた管理会社が倒産してしまったのです。

私の会社だけではなく、ほかに何社も被害を受けました。有名なデパートだったので、まさかと思いましたが、自己破産なのでどうしようもありません。

1店舗だけでも何十人と従業員がいるし、彼らの給料の支払いも含めて6店舗ぶんのお金を用意しなければなりません。

多少の余力もあったので、家を売ったりマンションを処分したりして、何とか支払いを済ませることができました。

ゼロから一気にやりすぎたのかもしれません。

店を閉めたり、契約が更新されなかったりといろいろな失敗もありましたが、いわゆるイケイケ状態だったわけです。最盛期で30店舗くらい展開していました。

1億円の被害にあって半年ほど過ぎたころです。

損失が出た部分の事業は撤退しましたが、ほかの店はまだまだ忙しく、私は社長から会長職に就いていました。

ある日、表参道のお店の店長から電話がかかってきて、店が混んで手が回らないので手伝いにきてほしいと言います。そのお店は手打ちパスタのイタリアンで、表参道の交差点の目の前にありました。

そのお店をはじめたのは、場所がよいこともありますが、破格に安い物件だったからです。誰がやっても3カ月ともたないといわれる場所でした。3カ月でお店が潰れてしまうのです。

私は不動産の担当者と、ビルの地下にある店を見にいきました。すると地縛霊の女の子がいたのです。私はその子に、「僕がこのお店をやったら、お客さんを呼んでくれる？」と聞きました。そうしたらニコッと笑ったので、即決で契約したのです。

お店はオープンしたその日から行列ができました。そして3カ月が過ぎ、半年が過ぎ、1年が過ぎると、今までそこでお店を出していた経営者たちが不思議がります。

彼らは、地縛霊の子を無視していたのです。見えなかったというか、感じられなかったのでしょう。その子は自分がいることをわかってほしかったのです。だから、いたずらをしていたのかもしれません。

私はただ、入るときには「おはよう」と言って、帰るときには「バイバイ」と言って帰っていただけです。まだ小さい子でした。今でもいると思います。

その店の店長が手伝ってほしいと言うので、私は当時はほとんど店に出ていませんでしたが、渋谷の青山学院大学の裏にあった事務所を出て、青山通りを表参道のほうに歩いていきました。

すると、向こうから40代くらいの女性のふたり組が歩いてきました。そして、私の目の前でいきなり跪くと、「あなた様は人を助けるお方です」と言うのです。

私はヘンなことを言う人たちだなと思いましたが、彼女たちは続けて「あなたは上に飾られて、困った人たちを癒していく人です。だから、その手を汚すような仕事はしてはいけません」と言います。

手を汚すという意味が私にはわかりませんでしたが、その人たちに言わせると、私がしている料理長とか会社の社長というのは、語弊があるかもしれませんが、レベルが低いということです。「もう、いっさいしてはならない」と言うのです。彼女たちは自分たちを霊能者だと言っていました。

私はそのときは聞き流していましたが、今度は店のほうにまで2回くらいやってきて、「あなたはどうしても人を助ける側の人だから、一般の経営からは身を引いてほしい。早く人を助けるほうへ回ってほしい」と懇願するのです。

実はその1年くらい前に、私の仲のよい友人が、横からトラックにぶつけられて救急車で運ばれたのです。そのときに病院をたらい回しにされて、ようやく病院に入ったときは大丈夫と言われたのですが、結局亡くなりました。

そのとき私は、「よし！　病院を作ろう。作らなければならない」と思いました。

たらい回しをしないような病院を作ろうと思ったのです。

病院を作るといっても、どのくらいのお金がかかるかもわからないわけですが、たらい回しなどがあってはいけないし、純粋に困った人たちを自分の病院で治してあげたいという気持ちでした。

レストランを作るときと同じ感覚です。ただ、お金がものすごくかかるだろうと思いました。そうしたらその後、1億円の損失を出してしまったのです。

そのお金を捻出するために家やマンションを売って、いろいろな取引先の清算をしたので、病院を作るという状況ではなくなりました。

そのとき、ふたり組の女性たちが目の前に現われたのです。

私は自分が人を助ける人間などとは思っていないので、ふたりの話を聞き流していたのですが、ふと「あなた方は病気を治せるのですか?」と聞いてみると、「いえ、私たちはみるだけです。浅草にひとり、すごい先生がいます。でも、めったに会えません」と言います。

友人のことがきっかけで病院を作ろうと考えていたこともあったので、取りあえずその先生の電話番号を教えてもらって、電話をしてみると一発でかかりました。

すぐにホテルの喫茶店で会うことになり、その先生は女性の方でしたが、「何を見ればいいのか?」と聞くので、私は人を癒すことができるのかどうかを聞きました。するとと、「ああ、できる、できる」と言います。そして「あなたは、人を見ればどこがわるいかわかるでしょう? 知らない人の病気がわかるでしょう?」と聞くので、「わかります」と答え、「でも、別にそれは当たり前ではないですか?」と言うと、「じゃあ、ちょっといらっしゃい」とホテルのバーに連れていかれました。

バーのカウンターの中に3人の男の子たちがいました。そして「この子たちのわるいところがわかる?」と聞くので、「わかります。ひとりは左の耳がまったく聞こえません。もうひとりはたぶん痔ですね。あとのひとりは腰がわるい」と言うと、先生は「ちょっとちょっと」とひとりを呼んで、「あなた、何で左耳が聞こえないの?」と聞くと、「え? 何でわかるんですか?」と驚いています。

その子はボクシングで鼓膜を破られて、左の耳が聞こえなかったのです。そして先生は、「ほらね。私にはわからない。でも、あなたはわかるんだよ」と言います。

私はそこで初めて、「ああ、自分は人と違うのか」とわかりました。「みんなはわからないのだ」ということがわかったわけです。

私はそういうことは当たり前にわかることで、特別なことではないと思っていました。実際、今でも特別だとは思っていません。

そのことがきっかけといえばきっかけとなり、私は日本中の霊能者といわれる人たちに会いにいきました。自分には人を癒す能力があるのかどうか、聞き回って歩いたのです。

すると、みんながみんな「できる」とか、「あなたなら大丈夫」と同じようなことを言います。でも、何ができるのかわからないし、人を助けるにはどうしたらよいのか、誰も教えてくれません。

●自分のやり方でやる！

あるとき、関西の有名な先生と知り合いました。ある大企業の一族の方なのですが、霊能者でもあるのです。体の不自由な人を癒しています。

あるパーティーでたまたま一緒になったのですが、初対面なのに私の顔を見るなり、「おお、久しぶりだな。ちょっと来い」と手招きをします。そして、紙に住所を書いて「ここに来い」と手渡すのです。

後日、私がその先生の家にうかがうと、「お前は、あせるな」と言います。「本物だから、あせらなくてもよい」と言うのです。

私は、自分が人を助けることができるのなら、本当に早くやりたいと思っていたので、「あせりますよ」と言いました。でも、「大丈夫だ」としか言ってくれません。

また、テレビにも出ている別の先生にも会いました。その先生は、拝んでいると神様が降りるのです。

そして拝む前には、「角田さん、努力しなければいけませんよ」と言っていたのですが、拝み終わると、「もう、あなたは勉強することがひとつもない。そのまま突っ走れ」と言うのです。

私は「本当ですか？」と言いましたが、突っ走れと言われても、どう突っ走ってよいのかわかりません。具体的なことは何も教えてくれないのです。

東北のほうの有名な先生にも会いましたが、その方も同じように「全然、問題ない。

大丈夫だ」と言うので、「何が大丈夫なのか教えてほしい」と聞いたのですが、答えてくれませんでした。

約1年間、さまざまな霊能者といわれる人を日本中に訪ねましたが、ほとんどの方が「大丈夫だ」というようなことしか言わず、具体的にどうすればよいのか誰も教えてくれません。

私はケガ人をたらい回しにしないような、人を助ける病院を作ろうと考えていた矢先に1億円を失い、その半年後にふたりの女性霊能者から、困った人たちを助ける人だと言われました。

それから日本中の霊能者やヒーラーたちと会い、現代医学とは違う形で人の病気を癒すことができることを知りました。そして、彼らは私にもそれができると言うわけです。

私は霊能力自体にはあまり関心がありませんでしたが、もし人の役に立つのなら、まったく見えない世界に自分を賭けてみようと思いました。

私はいくつものレストランの料理長を歴任し、飲食関係の事業で成功しましたが、それが天職だとは思っていませんでした。

たまたま料理の世界で認められましたが、ただ単にそれだけです。実力ではありません。実力というのは、努力をして積み上げてきたものです。

私の場合は、単に能力があっただけなのです。歌がうまいというのも能力ですが、そういう能力です。味覚感覚は色彩感覚と同じで、味が色なのです。別に味覚が鋭いということでもなく、わかる人にはわかる、そういうことです。

そのころちょうど、あるホテルの料理長をやらないかという話もあったのですが、私は興味がなくなっていました。ホテルの料理長は、基本的にはもう何もしなくてもよいのです。メニューを書いたり、味見をするくらいでしょう。

私は事業を整理し、会社も引き継ぐ人には引き継いでもらうことにしました。そして、スタッフたちとはいっさい連絡を取らないようにしたのです。

もちろん周囲から大反対をされましたが、もとに戻れるとなればどこかで甘えが出ます。そうなると真剣に仕事ができません。

これからやろうとすることが、仕事と言えるのかどうかもわかりませんでしたが、私は腹をくくったのです。

もともと人を助けるということに関しては、私は幼稚園のころから、友だちがいじめられたら、絶対にいじめ返しにいくというところがありました。

そうして30代半ばで、それまでの事業から完全に身を引いて、「人を助ける」、「人を癒す」という世界に入っていったのです。

でも、どうやってよいのかわかりません。誰も教えてくれませんでした。だから、自分ではじめるしかありませんでした。

料理の世界でも、最初にその料理を作った人というのがいるわけです。私はいつもそうなろうとしてきたし、自分の会社の社員たちにも、「最初に作る人間になれ。料理の世界でも何の世界でも、ナンバーワンではなく、一番初めにやった人間じゃなければダメだ」と言ってきました。

「真似をしてはいけない。人の料理の真似をするのではなく、ヘタでもいいから違うことをやりなさい」と教えてきたのです。なぜなら、自分は世界にひとりしかいないからです。世界にひとりしかいない自分のやり方をやればよいだけの話です。

私は、神様を降ろすわけでもないし、何にもありません。勉強をしたこともないし、本当に「自然」なだけです。

「この人は、ここがよくないのではないかな」など、ああではないか、こうではないかと、自然に出てきたことをそのままやるだけなのです。

ガンが消える！

会社を辞めたあと、私は連絡場所を誰にも教えないでひとりではじめました。誰も何も教えてくれないし、営業もできないので、しばらくはなすがままの状態でしたが、何もしなければ結果も出てこないので、何かしなければいけません。

そんなおり、たまたま知り合いのキャビンアテンダントの女性がガンだという話が私に入ってきて、施術をすることになりました。

その女性は直腸ガンと診断されて、2週間後に手術が決まっていました。手術が決まってる以上は止めることもできないので、取りあえず、毎日ちょっとずつ施術をしたのです。そして2週間後に手術を受けましたが、ガンが消えていました。

病院側は当然、細胞を採取してガン細胞の写真も撮っています。でも、ガン細胞がなくなってしまったのです。そこから私の噂が広まって、今に至るわけです。

20数年間、ずっとそういう形でやってきました。

先ほど施術と言いましたが、医療行為に類似したことに関しては法律的な問題もあるので、いわゆる「手かざし」や「気功」のようなことです。ガン細胞がなくなるように念じるだけなのです。イメージもしません。相手は寝てるだけです。

「なくなる」というのは、人間が吸収して表に出ていくということです。

ガンというのは血液の病気なので、体が吸収して外に出せばよいのです。熱なども本来は、体の中のわるい水分を表に出すために出るわけです。

だから、私のしていることはすべて自然なことです。最初のガンの女性の例もそうですが、よく「すごい」ということを言われますが、すごくも何ともないのです。

すごいといえば、私は今まで本当にすごいと思った人に出会ったことがありません。すごいといわれている人に会ったことはあります。本を出したり、テレビに出たりしている人たちです。

多くの人たちが、そういう人のところへ相談しに行きます。私も行きました。でも、具体的に話してくれる人がひとりもいないのです。「大丈夫」などと言われるのですが、何が大丈夫なのか、どうすれば大丈夫になるのかがわかりません。

ほかの人たちの相談ごとを聞いていても、私にしてみれば大した問題ではないようなことばかりです。もちろん、その人にとっては大問題なので、そういう有名な占い師とか、霊能者といわれる人のところへ頼っていくのでしょう。

私自身、本当に私を透視してくれる先生と会いたいのです。自分が今どういう状態にあるのか、たとえば体でも何でも見てもらいたいと思います。

自分にわかることはもちろんわかりますが、それは特別な能力でも何でもありません。だから、いろいろな先生たちは、実際にどこまでのことがわかるのかを知りたいという気持ちがあるのです。

たとえば初対面の女性に、「あなたの胸のところに大きなホクロがひとつありますね」と言うことは、いわゆる透視なのでしょうか。相手は洋服を着ているので、胸などが見えるはずはありません。

私はそういうことを当たり前のようにやってきたわけです。

あるいは白血病の人が相談にみえたときも、私はその人を透視して、「あなたの家に井戸がありますね。それを埋めちゃったでしょう？」などと言うわけです。

そして、「家の間取りがこういうふうになっているけれども、これを変えなさい」などと言いますが、その程度のことなら誰でもわかるはずなのです。別にすごいことでも何でもありません。

でも、私は今まで大先生といわれる人とも会いましたが、たとえば「あなたの甲状腺のところにこういうものがある」などというような、具体的なことをわかりやすく言ってくれた人はひとりもいないわけです。

私が今の仕事をはじめたとき、母親はそういう現象を信じませんでした。ある日、私がたまたま実家にいたときに、「伯父さんの足、親指の骨が折れてるから、今すぐ電話したら」と言いました。

母親がひとつ上の兄に電話すると伯母が出たので、「兄さん、足をケガしてる?」と聞くと、「そうなのよ。昨日ね、足の親指を折っちゃったのよ」と言いました。「あら、そう」と母親は電話を切りましたが、それでも信じないのです。

だから私は、「じゃあ、その伯母さんの身内にちょっと体の不自由な人、耳の聴こえない人がいるから、聞いてみて」と言いました。それは母親も知らないはずです。もともとは他人のわけです。

母親が伯母に電話して、「お義姉《ねえ》さんの家族で、ちょっと体の不自由な人がいるの?」と聞くと、伯母が「実はいるのよ。耳が聴こえなくてね」と言います。母親は絶句していましたが、それでも認めないのです。

考えてみれば、私は子どものころに母親と手をつないで歩いていても、向こうから体の不自由な人がきたら、「治れ、治れ、治れ」と念じていました。

今思えば、私は「こうすれば治る」と思っていたフシがあります。

お祭りなどでも、足をなくしたり、手をなくしたりした人たちが、音楽を奏でて寄付を募っていると、私は自分のお小遣いをあげていました。「世の中には、なぜ体の不自由な人がいるのだろう」といつも思っていました。

だから、そういうことなのでしょう。子どものころから思っていること、なぜか関心があること、何となく興味があることというのは、親が強制するわけでもなく自分の中から自然に出てくるのです。

私でいえば、子どものころから、「この人はここがわるいのではないかな」とか、「体の不自由な人を治そう」と思ったりしていたのは、前章でお伝えしたように、8種類の仕事の能力のうちのひとつなのかもしれません。

自分の能力が10とすれば、そのうちのおそらく5とか6の能力で、私は料理の世界で成功しました。でも、お金はたくさん稼ぎましたが、それほどの興味はないわけです。今でも執着心はありません。

そして現在は、リセッターとして活動しているわけですが、自分の能力として10を出せるのがこの仕事なのかもしれません。また逆説的な言い方ですが、だからこそ、私は今こういうことをしているのかもしれません。

それでもまだ、これから自分がどうなるかはわからないのです。

第4章

人生をリセットする

私は30代の半ばで、それまでの飲食関係の事業から離れて、人の手助けをする「リセッター」の道へと進みました。何もわからずにはじめた仕事ですが、早いもので、もう20年以上が過ぎました。

さまざまな相談者の人たちとめぐり会ってきましたが、この章では、そのほんの一例を紹介していきたいと思います。

●20年来のガンでも元気に

リセッターの仕事をはじめたころから、おつき合いしてる方がいます。

その方は大腸ガンでしたが、いろいろと転移して、子宮も摘出されました。そういう状態のときにお会いしたのです。

毎日、私がリセットの施術をしていくと、だんだんガンがわるさをしなくなったので、ある程度の期間をおいて定期的に施術するようにして、「こうしなさい、ああしなさい」と、その方に自分でリセットできる方法を教えました。

まだガンは残っているので、またいつわるさをするかわかりません。

10年後、再発したと連絡がありました。

病院に行って話を聞くと、私が教えておいたことを途中で止めていたのです。

再度、手術することになったのですが、私も「そうしたほうがよい」と伝えました。

というのは、東京からかなり離れたところに住んでいる人でしたので、私も毎日は通えません。取り合えず手術をして、あとは私の教えたことをやるようにしました。

以後、私は毎月1回リセットしに行きます。その方も抗ガン剤の治療などはせずに、私の教えたとおりのことをやってきて、今でもお元気にしています。

その人の守るべき行ない

病院では末期のガンと診断されても、私に限らず霊能者やヒーラーの人たちにとっては、末期ではない場合があります。

その人の寿命がまだあれば、西洋医学的には余命1週間とか1カ月と言われていても、1年、2年、3年と生きられます。私は、そのためのお手伝いをしているわけです。

すべてのことに原因があります。

ガンならガンになった原因があるのです。その原因を透視して、ガンであれば「あなたのガンの原因はこうだから、これはやめてください」とお伝えするわけです。

たとえば、ある人は肝臓の三分の二がガンに侵され、肝機能はほとんど機能していませんでした。

病院では余命1週間、長くても1カ月と言われていました。もう明日、亡くなってもおかしくない状態です。

その人の知人を通して私にコンタクトがあり、一度会ってほしいとのことでした。私は、そのような重篤な人を癒せるかどうかわからないので躊躇しましたが、「どうしても会ってほしい、会うだけでいい」と言うので、会うだけ会うことにしました。

会ってみると顔はもう紫色で、普通の人の肌の色をしていません。

私は「うーん」と心の中でうなりましたが、瞬間、その人の胸のところに光るものが見えました。私は「あれ？　大丈夫かな？」と思ったので、「では、やりましょう」と施術をはじめたのです。

施術をはじめて1カ月が過ぎ、2カ月が過ぎ、3カ月が過ぎていきました。

病院では1週間もしくは1カ月の命と言われて、もはや治療する薬も何もない、あとはホスピスを紹介するだけという状態だったのですが、自分はそういう施設には入りたくないと私のところへきたわけです。

それが1年が過ぎ、2年が過ぎ、3年が過ぎました。

ガンでも何でもそうですが、必ず因果関係があり、原因があって結果があるのです。

その方の場合は、透視をするとビールが出てきたのです。「あなたはビールが好きですね？」と聞くと、「大好きです」と言います。「毎日、朝から晩まで飲んでいます」とのことです。

私は、「それをいっさいやめられるなら、施術をします。でも、もしビールをひと口でも飲んだら、私はもう施術はしません」と言うと、「やめます」と言います。

それから1週間、2週間、1年、2年、3年と過ぎていき、4年経ったとき、その方の友人から電話がかかってきました。

私に来てほしいと言います。その方が倒れて、今、救急車で運ばれているところで、「角田先生を呼んでほしい」と言っているとのことです。

その方は忘年会で、「ちょっとだけなら、もういいだろう」ということで、ビールをひと口飲んだ瞬間に倒れて、救急車で運ばれたそうです。

私は救急病院に行きましたが、その方は翌日に亡くなりました。

医学的にいえば、おそらくあり得ないことでしょう。でも、現実にはあるわけです。

その方が余命宣告を受けて1カ月を過ぎたとき、担当医に「私はどうして生きているのですか？」と聞きました。担当医は、「わからない」と答えたそうです。

お酒の好きな方だったので、私は「ビールをやめて、焼酎のお湯割りにしてみてください」と言いました。そして、4年間は焼酎を飲んでいたらしいのですが、ビールをひと口飲んで倒れてしまったのです。

その人の家族の方たちには感謝をされましたが、私としては納得いきませんでした。

何でもそうですが、事前に何か注意を受ければ、人は一応は気をつけようとします。そういう心が働くからです。特に病気や事故に関することはそうです。

「このままではあなたは病気になりますよ」とか、「事故を起こしますよ」と言われれば、人は気をつけるのです。

それでも1年、2年、3年、4年と経つうちに、人は忘れていきます。そして、ことが起きてから、「ああ、あのときにこう言われた」と思い出すのです。そのときになってから気がつくのです。

ある男性は、交通事故を起こして人を轢いてしまいました。

その方は、たまたま友人と私のところへ来ていたのですが、新しい車に乗って来ました。私はその車を見たとき、「この車は事故を起こすから、運転をするときは、アルコールはひと口も飲んではいけません」と言いました。

その男性は3年間、飲まないで車に乗っていたのですが、ある日、ひと口飲んで車で帰ろうとしたら、人を轢いてしまったのです。

私はそれがわかっているから、お伝えしたのです。

でも、その人にしても、別に明確には意識していなかったでしょう。ことが起きてから、「そういえば、あのときにこういうことを言われたな」と思うくらいかもしれません。

それが人間の業です。

言われたことを気に留めるか、そのまま聞き流してしまうのか。気をつけていれば、何も起こらなかったかもしれないのです。

私は甘いものが好きでしたが、病院の検査で血糖値が異常に高いことがわかりました。そして、「このままだと糖尿病になるから、血糖値を下げる薬を飲みなさい」と言われたのです。

私は薬を断って、「大丈夫です。自分で治します」と言いました。

3カ月経って再検査をすると、血糖値が正常値に戻っていたので、病院の先生に「あなた、あんなに血糖値が高くて、ヘモグロビンも高かったのに、薬も飲まないでどうやって治したの？」と驚かれました。

それは簡単なことで、甘いものを食べるのをやめて、毎日朝晩ウォーキングをしただけです。2年後に検査したときも、数値は変わりませんでした。

私に限らず、人間はみな高性能な体の仕組みを持っているのです。

薬などは即効性はあるのですが、やはり継続することが必要になってきます。リハビリなども同じで、毎日取り組まなければなりません。

でも、私にしても暴飲暴食をすればまた戻るでしょう。それだけの話なのです。

●憧れだった仕事が辞められず

よく寿命ということをいいますが、本当にその人の寿命なのかどうかということが重要です。私たちは誰でも、この世で自分の魂の役割をまっとうする寿命を持って生まれてくるのです。

本来の寿命を生きればよいのですが、輪廻伝承を知らなければ、過去世からの宿命や業の影響を受けて、本来の寿命から逸れてしまう可能性があります。

だからこそ、そのことに気づかせるきっかけがあるのです。でも、せっかくきっかけがあっても、気づかなければどうしようもありません。

私はリセッターとして、早く気づくようにお伝えしているわけです。

ある外国のキャビンアテンダントの女性は、乗務する機がいつも故障したり、トラブルに見舞われるという人でした。ちょっと異常でした。

私はその女性に、キャビンアテンダントの仕事を辞めるように言いました。でも、一生懸命に勉強をして、努力をして、やっとキャビンアテンダントになることができたので、辞められないと言います。

ある日、乗務している機が突然エアポケットに入って、彼女は激しく頭を打ちました。そして、近くの空港に緊急着陸をしたのです。脳挫傷でした。

私は知人から連絡を受けましたが、外国ですし、急には行けません。どうしようもありませんでした。

「後悔先に立たず」といいますが、後悔するということは、自分の言動なり何なりに対して執着しすぎるということです。

人間の執着心が人間をダメにしてしまうのです。

どんな仕事に就いていたとしても、もしケガをしたり、病気になったり、いろいろなトラブルが続いたりするときは、いったん自分のしていることを見直さなければなりません。

取り返しのつかないことになる前に、なるべく早くリセットしなくてはいけないのです。

飛行機の事故は大ごとになる場合がありますが、こういうこともありました。

知人から電話があって、「今、モスクワにいる」と言います。そして「モスクワからヨーロッパのほうへ何便の飛行機で行くが、乗っても大丈夫か」と聞くのです。
私は、「落ちるから、やめたほうがいい」と言いました。「じゃあ、やめる」という
ことで、知人の家族5、6人と、なぜかもうひとり、まったく知らない外国人が乗ら
なかったそうです。
その飛行機は墜落しました。知人からすぐに電話がありました。
そういうことは、聞かれたときには答えますが、私は自分からは言いません。
聞かれたときに集中すると、そういうこともわかるのです。

●旅行に行くべきかの選択

旅行の話では、やはり残念なことがいろいろあります。
ある人の娘さんが、友人たちと大学の卒業旅行に行くことになりました。4人組で
車に乗っていくのです。

女の子ばかりの旅行なので心配になったのでしょう。娘さんのお母さんが私のところへ相談に来たのです。

私は「行かせないほうがいいでしょう」と言いました。でも、あとから聞いたのですが、行かせてしまったのです。

旅行に行く直前、たまたまお母さんが娘さんと友人4人一緒の写真を撮ったのですが、自分の娘の顔だけが真っ赤に写っていました。

お母さんは「何かヘンだな」と思いましたが、そのまま旅行に行かせたのです。その後、彼女たちは事故に遭い、娘さんだけが亡くなりました。

お母さんも何かしらの予感があったから、私のところへ来たのでしょう。

そして、写真でも何かを知らせていたのです。でも、「大丈夫かなあ」というくらいの気持ちで済ませてしまったのかもしれません。

昔から「虫の知らせ」ということがいわれています。

昔から何か具体的なことがあったから、今に伝わってきているのです。私たちは、そういうことにもっと耳を傾けなければなりません。

ある人も、「カナダへ旅行する」と言いました。

私は「絶対に行かないほうがいい」と伝えました。「なぜ？」と聞かれましたが、「危険だから」としか言えません。それ以上は言えないのです。

でも、「やっぱり行かなければならない」と言います。「もう旅行代金を払い込んだから」と言うのです。

そして、列車事故で亡くなりました。同じツアーで日本人同士が集まって乗っているのに、その人だけが亡くなったのです。

こういうことは寿命ではありません。行かなければ亡くならないのです。

以前、パワースポットのブームがありましたが、みんながみんな同じ場所に向かいます。でも、みんながみんな同じ方角へと向かうわけではありません。

だからパワースポットには、いろいろな方角から人が集まってくることになります。中には、行ってはいけない方角の人もいます。

それでも、すごいパワースポットだからとか、有名だからというだけで行ってしまうのです。

そこに欲も加わるので、人によっては、自分の運命をよくない方向へと変えられてしまう場合もあります。

本来、運命とは自分で作っていくもので、自分の宿命がわかっていれば、この世の自分の運命もわかるはずです。

それが輪廻伝承なのです。

●信仰は自分に合っているのか

リセッターの仕事をはじめときき、最初にガンの手術をするというキャビンアテンダントの方が相談に来たことは、すでにお伝えしましたが、その方の紹介で次にみえた方も同じ仕事をされていました。喘息がひどいということでした。

真冬のときで、その方は厚手のセーターを着ていました。

私はパッと見て、その方がネックレスをたくさんつけていることがわかりました。

そのうちのひとつが目に留まったので、「宗教関係のペンダントをしていますね？」と聞くと、「いいえ、していません」と言います。

私は「え？　3つくらいしているけど、ひとつはそうですね？」と再度聞くと、「いえ、ないです」と言います。

セーターを着ているから外からは見えませんが、私は「では、これで終わりにします。ウソをつくので」と言うと、彼女は「すみません」と謝りました。

私は彼女に、その金のペンダントを土に埋めるように言いました。土に埋めるというのは「捨てなさい」という意味です。いったんリセットするということなのです。そうしたら喘息がよくなりました。

宗教はある意味でマインドコントロールなのですが、100人なら100人全員にその教えが合うのか？　ということです。宗教の力で病気が治ったとしても、誰でも治るわけではないのです。

自分に合わない信仰でも、信者は合わせなくてはなりません。それは自分を偽ることになります。そして合わない場合は、体に何かしらの影響が出てきます。

また、前にも言いましたが、「神様のバチが当たる」とか「天罰」といいますが、それは原因と結果の法則のことで、よくない言動があれば、それが原因となってよくない結果となって現われるというだけのことです。

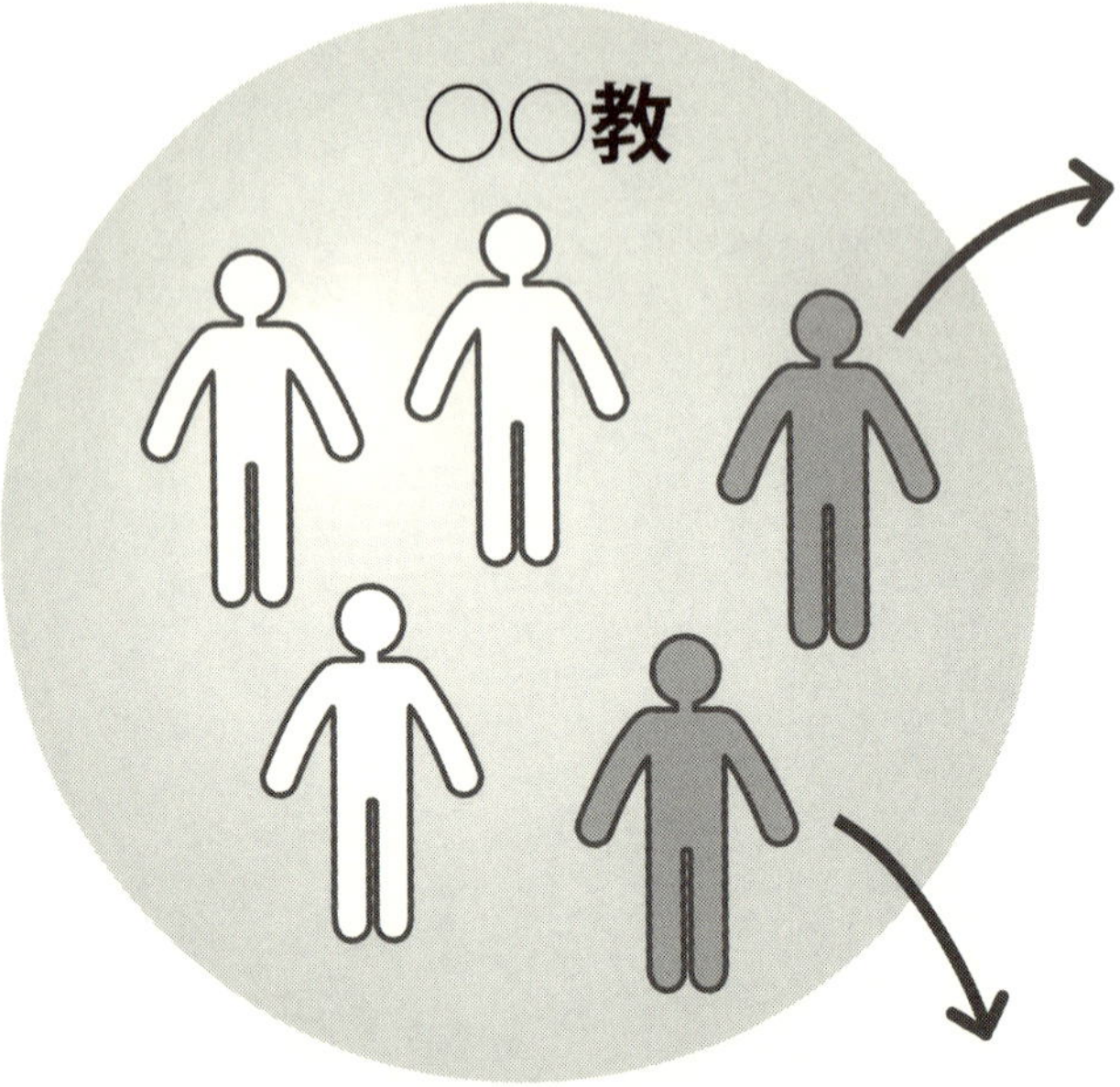

宗教の教えは、全員が 100%その教えに合うわけではない。宗教の力で病気が治ったとしても、誰でも 100%が治るわけではない。無理に自分を合わせることは自分を偽ることになり、体にも影響が出る。

よくない状態が続いているのであれば、その原因となっているものを取り除かなければなりません。リセットしなくてはならないのです。

そうすれば、もとの状態に戻るというだけなのです。

●医師とは違う判断

私のところへ相談にみえる方々は、病院に通ってもなかなかよくならなかったり、医師に見放された方などもいますが、実際に医師とは違う判断をすることもあります。

あるときも、深夜の2時くらいに知人から電話でたたき起こされました。

何でも大量に血を吐いたと言うのです。私はその知人に、「胃に穴が開いているようだから、救急車を呼んでそう伝えなさい」と言いました。

すると救急病院に着いた知人の奥さんから、「動脈瘤が破裂したので、手術をすることになりました」と電話がありました。

私は「違う!」と叫んで、病院に駆けつけましたが、いくら胃に穴が空いてると言っても取り合ってくれません。動脈瘤の手術をして、「今夜がヤマです」などと言います。ヤマなんかじゃありません。

翌日、その知人の知り合いの医師がきました。しばらくすると、その医師が「これ、胃に穴が空いてるぞ!」と騒ぎ出して、病院の先生と大ゲンカをしてます。

その翌日には、知人は別の病院に移っていきました。

私は「だから言ったのに」と思いました。もうちょっとちゃんと調べてくれれば、ヘンな手術をしなくても済んだのです。

また最近の話ですが、ある女性が心臓が痛いと言って私のところへやってきました。でも、私がみても心臓にはわるいところがありません。

「どこもわるくないですが」と言っても、女性は「心臓が痛い、痛い」と言います。

私はヘンだなと思いながら再度よくみると、「うわっ」とわかりました。

そして彼女に、「子どものころに、ガラスの中に足を突っ込まれませんでしたか?」と聞くと、しばらく考えていましたが、「あります」と言います。

昔は、割れたガラスなどをドラム缶の中に捨てておきましたが、彼女は子どものころに裸足で遊んでいて、ドラム缶に入ってケガをしたことがあったのです。そのときに足に刺さった小さなガラスの破片が、今になって心臓の近くまで来ていました。

私はその説明をして、外科に行ってガラスの破片を取ってもらうように言いました。病院でレントゲンを撮ると、心臓の血管に光ってるものが見つかりました。手術でその破片を取ると、ようやく心臓の痛みが消えたのです。

危ないところでした。心臓が痛いと言って病院に行っても、おそらく何もないと言われて、痛み止めの薬をもらうだけだったかもしれません。

そうしたら、やがては心筋梗塞か脳梗塞になっていた可能性が高かったのではないかと思います。

●おばあさんのテレパシー

私はリセッターを名乗っていますが、ときには霊視をしたり、除霊をしたり、いわゆる霊能者のようなこともしています。

あるとき、知人の女性に呼ばれて北陸地方の病院に行きました。

病院に着くと、75、6歳のおばあさんがベッドに寝ています。知人の女性のお母さんでした。

お母さんはその病院で手術を受けたのですが、脊髄に注射を打たれてから全身麻痺となって、1年間寝たきりになっているのです。

お母さんはもう寿命でしたが、思い残していることがありました。それを私に伝えたいのですが、話すことができないので、テレパシーで伝えてきました。

お母さんが言うには、「家の前に大きな川があって、昔そこで姪っ子が溺れて亡くなっているから、その子を成仏させてほしい」とのことです。

あと、「自分の部屋の引き出しに懐中時計があるので、それを娘にわたして、磨いてくれるように伝えてください」とのことでした。

私がそのことを知人に話すと、「本人が話せないのにどうしてわかるのか、ウソだろう」と言われました。私は、「いいから、ちゃんと調べてください」とだけ言いました。

後日、知人から連絡があって、「よく調べたらたしかに従姉妹が昔、夏に遊びにきていたときに、そういうことがあったらしい。懐中時計も本当にあった」と言います。そして言われたとおりにしたら、お母さんは亡くなったそうです。

お葬式のとき、「2本あったお線香のうち、左のお線香の煙だけが斜め上にたなびいているので、そちらを見るとお母さんがいた」とも言ってました。

●家の除霊をしたケース

また、ある方に「体の調子がわるい」と呼ばれました。「精神的におかしいし、手が麻痺して動かない」と言います。

私が行ってみると、家の中がすごくくさいのです。霊視をすると、腐った死体がふたつ見えました。ひとりは殺されて、ひとりは自殺です。本人や家族の人にはにおいも何もわかりませんが、私が事情を話すと心当たりがあると言います。

私は、その人たちの名前を紙に書いてもらって、その紙を川に流して除霊しました。そうしたら、その方の健康状態もよくなりました。

川に流すというのは、たまたまその人の場合のことで、焼く場合もありますし、そのときどきによって違います。

私はほとんど紹介の紹介という形で呼ばれるだけなので、初対面の人たちが多いのですが、前情報はいっさい聞かないようにします。知らないほうがよいのです。

私は普段から余計な本は読まないし、不必要な情報や知識は得ないようにしているのです。

●先祖にまつわる霊

あと、22、3歳の若い女性でしたが、1年に1回、自分の背中に刀の切られ傷が出てくると言います。そして、精神も錯乱状態になるのです。

私が「あなたは日本人ではないですね？」と言うと、「はい、韓国人です」と言います。ずっと先祖を遡って見ると、いわゆる首切り役人の人がいました。

「あなたの身内の方にお医者さんがいますね？」と聞くと、「祖父が外科医です」と言います。私は、「そのおじいさんの家に動物の剥製がたくさんありますから、おじいさんの家の裏にある川の向こうのお寺に行って、供養してもらってください」と伝えました。

すると、もう刀傷は出てこなくなりました。

昔、処刑された人々の念が末代まで影響を及ぼしているのです。そして、彼女は殺生された動物たちの影響まで受けていました。

家や建物を透視する

また、ある地方で４００坪くらいのマンションを経営している家があって、その家では男性がみんな40歳になる前に亡くなるのです。

その家の奥さんが訪ねてきて、「夫がガンになって手術もできない状態なので、みてほしい」と言います。

私が行ってみると、マンションが建っている場所に昔は小山があって、そこは体を壊した女郎たちの療養所だったことがわかりました。堕胎した子どもなども埋められています。お稲荷さんも建てられていました。

私は、小山とお稲荷さんがあった位置を指定して、塩で清めました。

するとしばらくして、旦那さんが手術できるようになったと連絡がありました。

今のマンションは、その土地には昔何があったのかなど、ほとんど考慮しないで建てられている場合が多いのでよくありません。

昔は築城するにも、前もって陰陽師や風水師などがいろいろと方位や日取りを調べていたのです。

ある飲食店の経営者からも、「お客さんが入らないので、困っている」と呼ばれたことがあります。

そこは沼地でしたが、場所はわるくありません。

私が「ここは絶対に商売にはいいですよ」と言うと、「でも、お客さんが入らない」と言います。おかしいなと思って店に入ると、水回りやトイレが北側にあります。

私は「これはダメです」と言って、塩で封じて絵を飾りました。

「これでしばらく様子を見てください」と言い残して車で帰ると、すぐにその経営者から電話がかかってきて、「いきなりお客さんがいっぱい入ってきちゃいました。どうしましょう！」と言います。

いつもお客さんが入らないので、料理の材料がなかったのです。私は苦笑しましたが、「でも、お客さんが入ったのはよかったですね」と言いました。

北というのは神聖な位置なので、水回りやトイレなどの汚れるところはいけません。だから「止め」といって、植物などの植木をおくとよいのです。

でも、一概にダメということではなく、家を建てた年代や建てた人間との組み合わせもあります。厳密にいえば、そういう細かいことがたくさんあるのです。

また、ある人が親から受け継いだマンションの室内の図面を持ってきて、「ここをちょっと変えたい」と相談に来たことがあります。

私は図面を見て、「お父さんは股関節のガンでしょう？」と言うと、「そうなんです」

と言います。お父さんは股関節のガンで亡くなっていました。

私がさらに「お母さんも具合がわるいのではないですか？」と聞くと、やはり「そうです」と言います。

私は、「それは家のせいです」と言って、内装工事をして間取りを改善するように伝えました。

また、家を新築中の人も相談にみえたことがあります。

「いつ、引っ越したらいいでしょうか」と聞くので、私は「そこに引っ越したら離婚することになりますよ」と言いました。

「もう、建ててるんです」と言うので、「では、やめたほうがいいでしょう。人に貸すなりしたほうがいいんじゃないでしょうか」と伝えたのですが、聞き入れてはもらえなかったようです。

引っ越した後、その人はやはり離婚しました。

昔から伝わってきているように、風水や方角というのは、それなりに大事な意味があるのです。

元カレの念

知り合いの霊能者たちに話を聞くと、相談ごととしては、やはりビジネス関係が一番多いようです。

私の場合も初めのころは、仕事関係や恋愛問題、結婚関係、引っ越し、家の建て替え、あと失くしものなどと多岐にわたっていましたが、だんだんと深刻な内容が増えてきて、病気や事故などの相談が多くなりました。

病気はだいたい肺や腸、卵巣、子宮などのガン関係から、脳梗塞、脳出血などです。

でも、中には人の念が絡んだ珍しいケースもあります。

大阪に住んでいるある女性が、双子の子どものことで相談にみえました。

最初、妊娠して病院に行くと子どもはひとりだったのですが、途中から双子になったのです。二卵性双生児です。

病院でもおかしいと言われたようですが、たまたま何かを見逃したということで特に問題にされませんでした。

無事に出産をすませたのですが、この双子がまったく似てないのです。今はふたりとも小学生になっていますが、顔が似ていないばかりか、性格も違うし、ものすごく仲がわるいのです。

そして、旦那さんもケガが多く、何かヘンだということでいろいろと相談したらしいのですが、どこに行ってもよくわからないと言われます。それで私のところへ来たのです。

私が透視をすると、奥さんの妊娠中に前の彼氏の念がポーンと入ってきて、双子になったことがわかりました。

元カレの念がものすごく強かったのです。実際、ひとりの子は、よく見ると元カレの顔にそっくりだそうです。

私が細かく説明すると、いちいちそのとおりでしたので、私は彼女に念を払う方法を教えてあげました。

これは非常に珍しいケースで、私も初めてでした。今も昔も、あまりこういう例はないのではないかと思います。

有名な画家の絵だが…

人の念というのはかなり強いものですが、やはり一番の問題は、人の「欲」ではないでしょうか。

私の知人が、ある質屋から絵を購入しました。高名な画家の作品なのですが、破格に安かったそうです。

私はその絵を見て、「その絵を持っていると火事になるから、返したほうがいい」と言いました。

でも知人は、有名な画家の絵なのでなかなか返しません。

そうしたら、本当に火事になってしまいました。

それは代々、持っていると火事になる絵だったのです。

知人は、高名な画家の作品が安く売られていたので、絵を買って高く売ろうとしていたのです。

そのように、欲得だけで判断をしていくと危険な場合があります。

前章でも触れた表参道の店は、家賃は破格でしたが、誰が店を出しても失敗していた場所でした。

地縛霊の女の子がいたからですが、それを承知の上で借りるのかどうかということです。知らないでいると失敗をします。

病気でも、ケガでも、事故でもそうですが、どうしてそうなったのかという原因が必ずあるわけです。

私はその原因をお伝えして、本人がリセットするお手伝いをしているのです。

でも、本人が原因を理解しようとしないで、言動をあらためるなどの反省もなければ、ただ私に「よくしてほしい」と頼っているだけのことになってしまいます。

それでは、占いを見て「今日はラッキー！」とか「明日はどうだろう？」というのと変わりはありません。

だから、気づいてほしいのです。

たとえば病気なら病気で、どうして病気になったのか、なぜなかなかよくならないのか、自分で気づかない限り、また同じことが何度でも起こります。

子どもを生む両親の自覚

あるカップルから結婚の相談をされたことがあります。

私は、「やめたほうがいいでしょう」と伝えました。

2、3週間後にまたやってきて、実は妊娠していると言います。でも、胎児には心臓がありませんでした。

ふたりは合わないのです。苦労すると思いました。

前世もそうですが、現世でもふたりは素行がよくありませんでした。たとえば、両親が薬物などを常用していれば、障害のある子が生まれる確率は高くなります。

よく、生まれる前に子どもが両親を選んでくるという話がありますが、それは結論です。実際にそういうことはありますが、その子どもと親との因果関係がわからなくても、誰でも言える話なのです。

地震が来てから、「そういえば、あのときあの人は地震が来ると言っていた」とあとから言うことは誰でもできます。口裏を合わせて2、3人がそう言えば、予言者ができ上がってしまうのです。

だから、私のような仕事の人たちは気をつけなければなりません。先に結果を言ってしまうことがあるからです。

結果は原因があって起こります。

たとえば、障害のある子が生まれたというのは結果です。でも、障害のある子が生まれてくる原因があるわけです。

「後悔先に立たず」と何度も言いますが、人間は欲や執着心が強いので、私のような部類の人間たちが世の中に存在させられているのかもしれません。

私たちは前もってわかることがあるので、人に気をつけるように伝えているのです。だから、相談されれば「やめたほうがよい」と言うことがあるわけです。

はっきりいえば、私たちの忠告を聞くことができないのなら、相談に来ないでほしいと思います。

私たちは真剣に応対して、気をつけることがあれば、気をつけるようにお伝えするわけですが、「まあ、いいか」と流してしまう人が多いのです。

そして結局は、自分自身が苦労することになります。「ああ、あのときこう言われたのに、結局こうなってしまった」と思うのです。

結果としては仕方がありませんが、子どもを持つのであれば、やはり両親になる人たちは、それなりに体調などには気をつけなければいけません。

何を「主」とするのか？

世間では、お金持ちの方ほど見栄とかいろいろあるのでしょうか、体の不自由な子を専門の施設に預けることが多いようです。

ある夫婦の子も、生まれて10カ月ほどで脳に水が溜まってしまいました。病院ではもう厳しいと言われているとのことです。

私は病院に呼ばれて、身内ということにして、その子がいる無菌室に入りました。ひと目見て、私は「いや、この子は大丈夫です」と言いました。「そのかわり、ケアは大変です」とも伝えました。

その子は今は中学生になりましたが、あるとき、お父さんがガンになってしまいました。まだ40歳前です。

私にみてほしいというので、私はお父さんと会って、「もう仕事は辞めたほうがいいでしょう。仕事をしているとよくありません」と伝えました。

お父さんは「辞められない」と言います。

たしかに、障害を持つお子さんを抱えているので、仕事を辞められないのもわかるのですが、「まず、あなたが元気になれば、いくらでも仕事はできますから」と教えると、ようやく「わかりました」と納得しました。

でも、やはり無理をして仕事を続けていたようです。

入院先の病院で、私は最後に「来てほしい」と呼ばれましたが、お父さんはすぐに亡くなりました。

お子さんは障害は残っていますが、今では元気になっているのです、だから、何を「主」に持ってくるのかが、ものすごく大事なのです。

そのお父さんは「生活」と「子ども」でした。

高級マンションに住んでいたので、売り払うこともできたのです。でも、それができずに、自分が犠牲になってしまいました。その人の寿命ではありませんでした。

人は、生まれて亡くなるまでの間の過程がすごく大事なのです。

私は、人間の「欲」と「執着心」が人間をダメにすると言います。

お金なんかに執着しなくても人間は死にません。貧乏をして、ひと部屋に5、6人が住んだって死にはしないのです。

うまくいかないときは、一度リセットしてから、よいほうへ行けばよいのです。

でも、人はなかなかそれができません。

自分だけは死なないと思ってしまうのでしょうか。私がいくら気をつけるように伝えても、自分の欲や都合に合わせてしまいます。

もちろん、人間は欲がないと行動できませんので、欲は大事なのですが、その欲をどこにどう使うかなのです。

業というのは宿命のことです。

業が深いということは、前世によくない行ないがあったということです。だから、それを現世でリセットして、完結していかなければなりません。

そうしないと、またずっと同じことを繰り返していくことになります。

●「ソウルカラー」で選挙に勝つ

一度、区議会議員選挙のお手伝いをしたことがあります。

ある区議会議員候補の選挙カーのうぐいす嬢がたまたま知り合いで、その候補が当選するにはどうしたらよいのかと相談をされたのです。

下馬評としては、かなり厳しい位置にいる候補でした。

私は、スタッフ全員にオレンジ色のジャンパーを作るように言いました。文字は白です。それで活動するようにと伝えたのです。

そうしたら、その候補はトップ当選しました。みんなびっくりしていました。

オレンジ色は、その候補の魂の色だったのです。

その人の色だから、その人の言っていることが通じるわけです。違う色になると伝わりません。

私たちは自分の色を意識するべきなのです。

そうすると本来の自分が出てきます。

選挙運動でスタッフ全員が候補者のソウルカラーのジャンパーを着て活動。すると見事、トップ当選！　ソウルカラーを意識すると本来の自分が出てきて、自分の考えや言っていることが伝わりやすくなる。

その人の好みの色というのは、その人が伝承してきたものと関係しています。兄弟や姉妹の子どもに服を選ばせても、それぞれの好みの色が違います。

「これは自分に合っている」、「これは合わなそうだな」ということが、自分で何となくわかるからです。

実際、自分に合わない服を着ていると精神的に不安定になります。誰かに服をプレゼントするときは気をつけたほうがよいでしょう。

たいがいの人は、高級ブランドの服をプレゼントすれば相手が喜ぶと思って、その人に合わないヘンな服をプレゼントしたりします。

それは「左脳」に支配されているからなのです。

●「左手」で脳のバランスをとる

プロ野球のある球団の投手が相談にみえたことがあります。

その選手は、一軍に上がってもすぐ降ろされてしまうと言います。160キロくらいの球を平気で投げるのですが、一軍で活躍ができません。

なぜかというと、体のバランスがわるくて真っすぐの球しか投げられないので、すぐ打たれてしまうからです。

私はその選手の左手を伸ばしてあげました。

そうしたらバランスよく、いろいろな球を投げられるようになったのです。

人間の体はすべてバランスでできています。バランスを崩せば転んだりします。年を取ってつまずきやすくなるのは、だんだんと体が前のめりになってくるからです。かかとでつまずくのではなく、つま先でつまずいてしまうのです。

誰でも年を取れば、どうしても体のどこかが崩れてくるので、それを修正してあげればよいのです。

人間には右手と左手があるのに、どうして左手をうまく使えないのでしょうか？

社会が右手社会だからです。

基本的に、世の中はすべて「左脳」に支配されているのです。人間には左手もあるのですから、左手も使うようにしてください。

右手中心で左脳ばかりを使うのではなく、左手も使って脳のバランスをとっていかなければなりません。

前にもお伝えしましたが、魂は脳にあります。

人間を制御するのは脳なのです。脳は右脳と左脳に分かれていますが、魂や運命にとって大切なのは右脳のほうです。

私はリセッターの仕事をはじめたとき、「あなたはどういう方ですか?」と聞かれると、「原始人です」と答えていました。

原始人は当然、現代社会においては適応性がありません。適応できないとはどういうことかというと、右脳人間だということです。

人間は猿から進化したという説がありますが、そんなことはありません。人間は人間でしかありません。

ただ、人間は完璧ではありません。未完成のままです。今、まさに進化し続けているのです。

でも、自然というのは100%です。完全なのです。

だから動物にしても、強いものの数が少なく、弱いものの数が多いのです。バランスがとれているのです。

私は自然にしか生きられません。頭の中が自然なのです。天然です。

私の言葉は、自然から出てくる言葉なのです。

人間は自分を不自然にして、病気にしてしまいます。

自分に合っていないもの、たとえばお金を求めて、その方向へと邁進してダメになっていくのです。

この世に生まれて、この世を去るまでの間に、私たちは本来の自然な自分として、いったいどのくらい生きることができるのでしょうか？

●「エンタメ」としての占い師や霊能者たち

あるとき、ネットの占いサイトから出演依頼がありました。

そしてメールが来て、「まずこの人を占ってみてほしい」と、その人のプロフィールが送られてきたのです。

現在妊娠している女性で云々…と書いてありました。

私はそのサイトの担当者に電話をして、「これは誰が作ったのですか？　こんなウソを書かないでください」と言いました。

担当者は「すみません！」と謝ってから、「架空のものです」と言いました。出演する占い師ひとりひとりに架空のプロフィールを送って、何かを試していたのです。

あるテレビ番組に呼ばれたときもそうでした。

その局の女の子が来て、自分を透視するように言うのです。

私は「いいですよ」と言って、その子に「あなたはひとりっ子のようだけど、本当はお兄さんがいて、お兄さんとは離れ離れになって暮らしていますね…」と話し出すと、その子は「何でわかるんですか？」と言って涙を流しはじめました。

そして、「ぜひ、先生に出演してほしい」と言うのですが、私は「申しわけないですが、ほかのメンバーの方の名前を書いていただけませんか？」と言いました。

6人くらいいましたが、私は「この人たちは本物ではないので、本番でそのことを話してもいいですか？」と聞くと、「それは困ります」と言います。

そして、「先生だけ、別撮りにします」とも言われましたが、私は「お断りします。もう、偽者はやめましょう」と伝えました。

いろいろと話したいこともありますが、テレビにはエンターテインメントの要素もあるので、私もあまり杓子定規なことを言うのはひかえておきます。

もちろん、占星術なら占星術、風水なら風水と、それぞれに歴史のある立派な理論があります。でも、それらは全員の人に当てはまるわけではありません。

ある星座の人が、その日がいくらラッキーだと言っても、同じ星座の人が全員ラッキーではありません。

金運を上げるために、どこそこの方角に何をおいても、全員が宝くじに当たるわけではないのです。

私がお伝えしている輪廻伝承というのは、その人が過去世、前世において何をしてきたかということです。

宝くじにしても、当たるべくして当たる人がいるということなのです。

●下着の色を当てる!?

この世には理論がいろいろとありますが、この世界は理論ではありません。そのことを説明するのは、なかなか難しいことです。

誤解されるといけませんが、私が最初に見たのは女性の下着の色でした。女性の相談者に、「ああ、あなたは何色の下着をはいていますね。それはダメですよ」と言うのです。

たとえば、ある女性が精神が不安定な状態で相談にみえました。喫茶店で話したのですが、私は「あなたの部屋をちょっと見ていいですか？」と了解を取ると、「あなたの部屋にあるタンスの4段目の引き出しには、白い下着しか入っていません。ただ、ひとつだけ金色のものがありますね。これは何ですか？」と聞くと、「水着です」と言います。

相談者とは初めて会うわけですが、いきなり彼女の下着が見えるのです。そして、下着の色がよくないという原因が、今の彼女のよくない結果として出ているということがわかるのです。

その女性に会ったとき、まず女性の部屋が見えます。そして、タンスの引き出しが見えます。引き出しを開けると下着の色が見えます。どうしてわかるのか、私には説明ができないのです。

ともかく、それが原因であることがわかるわけです。

だから、下着の色を替えてもらいました。彼女の下着は全部、真っ白だったのです。女性で、真っ白の下着しか持っていないということは普通はありません。特に彼女の場合は、そのことが精神状態を不安定にさせている原因となっていました。

私はさらに、「あなたの部屋に廊下がありますが、廊下にテディベアの置き物があったようです。どうして失くしたのですか？」と聞くと、「捨ててしまいました」と言います。

「なぜ捨てたのですか？　あなたの気持ちが入っていた熊でしたね？」と言うと、

「はい、子どものころから離さなかったぬいぐるみです」と言います。

彼女は精神的に不安定になってから、自分の好きなぬいぐるみまで捨ててしまっていたのです。

私は、「そのぬいぐるみの熊の色と、あなたの色は一致していたのです。カラーというのは〝隠す〟という意味で、自分の色を隠すことは、本来の自分を隠してしまうことになるのですよ。だから、隠してはいけないのです」と彼女に説明しました。

結果的に、そういう説明をすることはするのですが、下着の色がよくないということが、どうしていきなりわかるのかということについては、私には説明ができないのです。

その女性は病院に通っていましたが、下着を替えたら精神状態がようやく落ち着いてきたと、後日連絡がありました。

下着を見るということは、この仕事をはじめたばかりのころのことで、今ではほとんどありません。

見る機会が減ってきたといいますか、環境が変わったのでしょう。

最初のころは、下着の色を当てることによって相手の興味をそそったり、ある程度の信頼を得るという理由があったのかもしれません。

私は営業などをいっさいしていなかったので、私なりの宣伝のようなことだったのかもしれません。

そういうことをする必要がだんだんとなくなると同時に、下着を見る能力も必要なくなっていったようです。

でも、見ることができなくなったというのではなく、見る必要がある人の場合であれば、また見ることになるでしょう。

最近は、今の私にはどういうことが必要で、どういうことが必要ではないのか、何かそういう段階のようなものがあると感じています。

そして今、私はこうして本書で「輪廻伝承」をお伝えしているわけです。

そういう段階だということなのでしょう。

私は、ニュースなどで子どもたちがゴミ収集場でゴミを拾っている姿を見ると、居たたまれない気持ちになります。

そういう子どもたちを何とかできないのか、また親のいない子どもたちに手を貸してあげることはできないのかという気持ちが、かなり強くあるのです。

表参道で女性霊能者たちに、いきなり「あなた様は人を助けるお方です」と言われたときは、さすがに面食らいましたが、昔からそういう気持ちを持っていたことはたしかなのです。

だから、どなたか力のある方がいれば、親がいなかったり、貧困におかれている世界中の子どもたちを助けてほしいのです。私にはそこまでの能力はありません。

でも、病気を癒すことであれば、お手伝いできると思います。

癒すといっても、その人の自己治癒能力なので、私は少しだけそのお手伝いをするにすぎません。また、そのお手伝いの仕方も、人それぞれによって違ってくるということです。

よくスピリチュアル系の本でも、たとえば感謝の言葉を何万回も唱えたり、あるお祈りをしたらガンが消えたという話があるようですが、全員の人が消えるわけではないと思うのです。それは、その人だけの経験です。

もちろん、同じことをしてガンが消える人はいるでしょう。でも、すべての人ではありません。なぜなら、すべての人にその人だけの輪廻伝承があるからです。

私が相談者をリセットする場合でも、毎回することが違います。人からは同じように見えるかもしれませんが、違うのです。

相談者にしても私にしても、一瞬一瞬、同じということは絶対にありません。

だから、リセットも一瞬一瞬でできるのです。

あなたができることが「あなた」

これまで、今までの相談者とのやりとりの一端をお話ししてきましたが、私はわかることをお伝えし、できることをお手伝いしてきただけです。

先日も男性の方が訪ねてきましたが、家族の写真を見せられたので、「ああ、奥さんは左胸にガン細胞がありますね」と言うと、「何でわかるんですか？」と言います。実は病院に行ったら、しこりがあると言われたのだそうです。

私は子どもの写真を見て、「このお子さんは喘息になるかもしれません。肺が弱いから気をつけてください」と言うと、お子さんは肺炎で入院してると言います。

何度も言うように、私にはどうしてわかるかはわかりません。

だから、これが「私」なのです。

道を歩いていて、向こうから6人歩いてきます。でも、ほかの人には4人しか見えません。「それはどういうことなのか、説明しろ」と言われても難しいのです。私にとっては特別なことではないからです。

ただ、私に「見える世界」が、ほかの人には「見えない世界」なのだということはわかります。見える世界と、見えない世界というのがあるのです。

見える世界というのは、おそらく「欲」の世界だと思います。そして、見えない世界というのは「教え」の世界、「自然」の世界なのです。

私は、私自身は特別ではなく、何かが教えてくれているのだと思っています。

よく霊能者の人たちが、「神様が教えてくれる」などと言いますが、私には「神様」というのはよくわかりません。

ビジュアルで何かが見えたりすることはありますが、神様かどうかはわかりません。ただ私としては、「わかる」ということは、何かが教えてくれているのだろうなという感覚ではとらえています。

20年ほど前、ある会社の社長が「長男に会社を継がせたいが、継がせられるかどうかみてほしい」と相談に来たことがありました。

私は「次男が継ぎます」と言いました。実際、子どもたちが大人になってみると次男が継ぎました。

初めからわかっているわけです。どうして継ぐのかなど、いろいろと理由も言えますが、まず最初に次男が継ぐことがわかるわけです。

それが「私」なのです。

今、本書を読まれている人は、どのようなお仕事をされているのでしょうか？　私にはマネができないお仕事かもしれません。

だから、それが「あなた」なのです。

同僚や同じ職種の人は何人もいるかもしれませんが、あなたができることが、あなたがすべきことなのです。私ができることが、私がすべきことです。

先ほども言いましたが、私がしていることは特別ではありません。

「自然」が教えてくれるのです。

この世には、自然と不自然しかありません。

そして、不自然のほうは、まだ進化し続けています。

昔の携帯電話は大きかったですが、今のものは小さいです。どうして小さくなったのでしょうか？　どうして小さなコンピュータのようになったのでしょうか？

進化しているからです。進化し続けているのです。

私が、「自然を１００％とするなら、人間は20％くらいだろう」と言うのはそうい

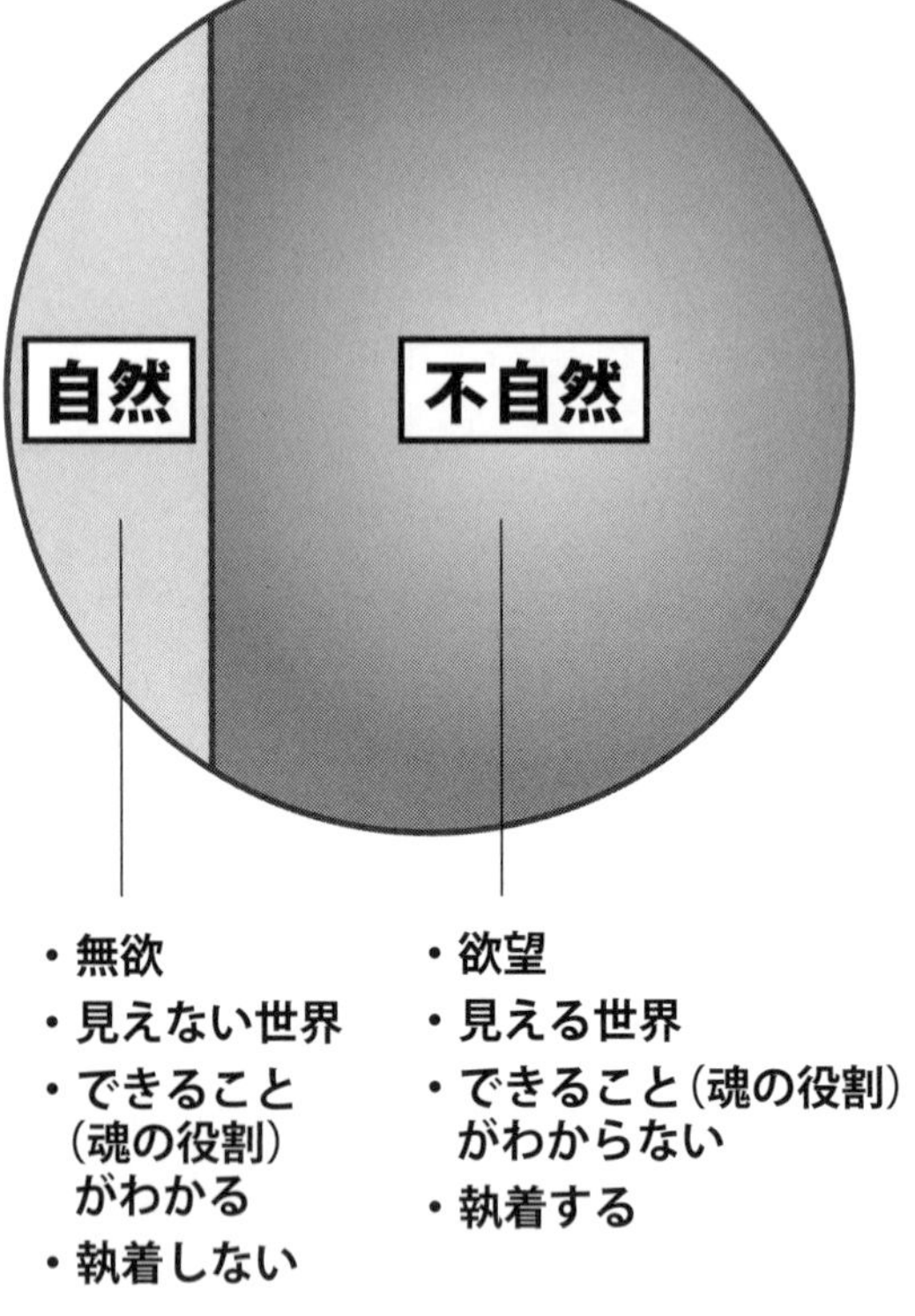

この世には「自然」と「不自然」しかない。自然は常に完全で100％だが、人間は不完全で20％くらい。だから人間や、人間が作るこの世界は、進化し続けているのだ。

うことです。

自然はいくら雑草を取っても、またそこに雑草が生えてきます。鳥や虫がその種を食べて、そこにまた植えてくれるからです。

そういう自然を私たちは無意識のうちに感じ取りながら、そして空気を吸いながら生きています。

そういうことがわかれば、私がしていることなど簡単にできます。

●人が自ら旅立つとき

リセッターという仕事は、なかなか理解されないことでもあります。

あるとき、ある病気の患者さんに病院に呼ばれました。

私が病室に入っていくと、まわりに親類の人たちがいました。

そして「誰だ、お前は。何しに来たのだ」と言われました。「呼ばれたので来ました」

と言うと、「そんなことで治るか！　帰れ！」と言うので、仕方なく「わかりました。帰ります」と病室を出ました。その後、その患者さんは亡くなりました。

そういうことはよくあります。

患者さんの周囲の人たちも、もう少し理解していただければと思うのです。

また、ある奥さんの旦那さんが胃ガンになって、余命2年と宣告されました。その奥さんはお金に糸目をつけず、世界中から胃ガンに効くといわれるものを取り寄せました。ありとあらゆることを試したそうです。

でも、なかなかよくならないので、私のところへ訪ねてきました。

私が病室へ行くと、旦那さんはもうこの世にはあまり未練がないようでした。施術をはじめようとしてもパタッと寝て、両手を動かしています。私は「まずい」と思いました。三途の川の花を摘んでいるのです。

旦那さんに声をかけて起こすと、ふっと目を開け、「今、きれいな花がいっぱいありました。川の向こうから人が呼ぶのですが、取りあえず花を摘んで、妻たちにわたそうと思ったのです」と言います。

私は、「川の向こうに行ってはいけませんよ」と言って、施術をはじめようとしましたが、旦那さんは「もう、いいのです」と手を振ります。

「もう、この人間社会はイヤになりました」と言うのです。

私は奥さんにそのことを伝えて、「旦那さんは、あと2、3日かもしれません」と言いました。すると奥さんは、「いえ、そんなことはありません。お医者さんはあと1年だと言っています」と言います。

私は「わかりました。でも、ちょっと頭に入れておいてください」とだけ言いました。そして、３日後に旦那さんは亡くなりました。

私は、その旦那さんの気持ちもわかります。

私の祖母が亡くなるときがそうでした。

真冬でしたが、祖母はただ風邪を引いて入院していただけでした。

私は病室に入って、祖母の風邪がよくなるようにずっと手を握っていたのですが、突然「お前の手は温かいねえ。熱くて、汗がびっちょびちょだよ。窓を開けてくれないか」と言うのです。真冬なので、さすがに窓は開けられません。

すると祖母は、「ありがとう。大丈夫だから」と手を離して、「もう、おじいちゃんのところへ行きたい」と言います。

私は「わかった」と言って病室を出て、自宅に帰り、母に「明日だからね」と言いました。

翌朝の7時に病院から電話がかかってきました。

●浮浪者から1億円をわたされる

仏教ではよく「無になれ」といいます。
人は、好きなことをしていると無になります。
そこから考えると無がわかります。瞑想してもなかなか無にはなりません。
自分が「やりたいな」、「やってみたいな」と思うことで、まず行動を起こすのです。
無心にそのことができるのであれば、それが「無」への一番の近道でしょう。
そして、それが本来の自分がやりたいことなのです。
そこで、お金がどうとか、生活がどうとか、余計なことは考えないことです。

あるとき、街中を歩いていると、浮浪者のおじさんが「お金を恵んでほしい」と私のところへ来ました。

小銭が少ししかなかったので、私は持っていたお札を全部あげました。

すると浮浪者のおじさんが私を追いかけてきて、「ちょっと、お兄さん、ちょっと」と呼ぶのです。「来てくれ」と言います。

私は浮浪者の人についていく気はなかったので断りましたが、「とにかく来い」と言うのです。仕方がないのでついていくと、公園に連れていかれました。

おじさんは、公園の木の下で穴を掘って袋を取り出しました。その袋の中には銀行の通帳と印鑑が入っていました。

そして、「これをあなたに託す」と言って、通帳と印鑑を私にわたしたのです。

見ると、１億円でした。

私は驚いて、「とんでもない！」と言いました。

その浮浪者のおじさんは、もとはある企業の社長だったのですが、今の人間社会がものすごくイヤになったと言います。

家族は大きな家に住んでいるのですが、自分はもうイヤだと言うのです。だから浮浪者になったということでした。

それを聞いたとき、私は「その気持ちはよくわかるな」と思いました。

ただ、浮浪者にはなりませんでしたが、お金をどうやって使ってよいのかわからない。

そして、「今まで自分はいろいろな人にお金を恵んでもらったが、1円、10円、せいぜい100円だった。あなたのように、何千円もわたす人はこれまでひとりもいなかった」と言います。だから、「このお金を使ってほしい」と言うのです。

さすがに受け取りませんでしたが、その話を友人にしたら、友人は浮浪者の人を探して、お金をたくさん恵んだそうです。そうしたら浮浪者の人が、「ラッキー！」と叫んで走って行ったと言います。

「無欲」とは、新しいものが入るということです。

私がリセッターになったころ、ある日、気がつくと一円もありませんでした。

「あれ？　夕食どうしようかな」と思いましたが、「まあ一日や二日、食べなくてもいいか」と思ったときにバッタリと知人に会って、「食事に行こう」と誘われました。

また、ちょっとお金が必要だなというときには、たまたま仕事の電話がかかってきたり、どこかからお金が出てきたりするものです。

そして、たまたま浮浪者の人に何千円かあげたら、それが1億円になって返ってきたということです。

そのお金はどこからやって来たのでしょうか？

私は、やはり「無」から来たのだと思います。

人間の欲というのは、本能から来るものとは別に、人間の環境によって作られたものがあります。この商品をもっと売りたいとか、隣りの芝生がよく見えるとか、そういうことです。

商品でも、「こうしたほうが売れるだろう」とか、「ああしたほうが、ほかと差別化できる」など、あれこれと計算をしないで、ポッと出したものが売れてしまうということがよくあります。

それは自然な状態で出されたということなのです。何となく自然にやってみたことが、ものすごく当たってしまう。

無欲になると、自分に適したものが得られるのです。

私も事業をしていたころは、やはりお金があるので、高級ブランドの時計や車を買ってみたり、大きな家を建ててみたりしました。

でも、リセッターになってからは、もともと執着心は少ないほうでしたが、ものごとに執着することがなくなりました。

また、執着心があると私の仕事はできません。

執着心が人間をダメにするのです。

自分が本当に楽しくできる仕事がわかれば、いろいろなことが自然に変わっていきます。

そして、本来の自分の魂の役割（仕事）がわかる方法はあるのです。

自分の役割がわかれば、この世で生きていく方法（運命）もわかり、自分の宿命を完結させることができます。

そうすれば、私たちはより高い段階へと上がっていくのです。

おわりに

本書を読んでいただいて、ありがとうございます。

本書はまだ、スタート段階にあります。人の生涯、人生を著すには、一冊の本ではまだまだ足りません。それでも、読者の方たちの役に立つ、ひとつのきっかけになればと思います。

なぜ、自分は世界にひとりしかいないのか？　なぜ、自分はこういう生き方をしているのか？　本書を通じて、少しでもわかっていただけたらと思います。

世界でひとつだけの魂を、この世でどのように運んでいけばよいのか。

ふたつの道を同時に行くことはできません。あきらめずに自分の宿命を知り、あなたの運命を素晴らしいものにしてください。

本書を読んでくださった人には、私のパワーを送ります。

あなたにとってよいリセットができますように！　ありがとうございました。

２０１７年12月　角田よしかず

著者◎角田よしかず　Yoshikazu Tsunoda

1958年生まれ。東京都出身。幼少時より類い希なる直観力を持ち、数々の大事故や災害を予知し、人々の病名などを見抜く。1995年、大成功を収めていた飲食事業から突如身を引き、リセッター（透視、ヒーリング、カウンセリング）の道を歩む。一般人から政治家、財界人、芸能人などにアドバイスを行なっている。著書に『運命と宿命の法則　幸せを引き寄せるソウルカラーの秘密』（イースト・プレス）など。

Facebookはこちらから

https://m.facebook.com/Tsunoda-Yoshikazu-130884560916271/

本書の内容に関するお問い合わせは、下記URLをご参照いただき、メールにてお願い致します。

URL　http://gomokusha.co.jp
E-mail　info@gomokusha.co.jp

編集協力●五目舎
本文イラスト●月山きらら
本文デザイン●戸塚雪子
装丁デザイン●梅村昇史

「ソウルカラー《宿命の色》」と「テーマカラー《運命の色》」を知れば人生はいつでもリセットできる

2018年1月5日　初版第1刷発行

著　者　　角田よしかず

発行者　　東口敏郎
発行所　　株式会社 BAB ジャパン
〒151-0073 東京都渋谷区笹塚 1-30-11　4・5F
TEL　03-3469-0135　FAX　03-3469-0162
URL　http://www.bab.co.jp/
E-mail　shop@bab.co.jp
郵便振替 00140-7-116767
印刷・製本　　中央精版印刷株式会社

ISBN978-4-8142-0101-3 C2077

BOOK Collection

シーターヒーリングで解く癒しの「原理」と「作用」

ヒーリングの科学

脳外科医が丁寧に解説!! シータヒーリングで解く癒しの「原理」と「作用」。人はなぜ癒されるのか? なぜ“引き寄せの法則”が起きるのか? どうやったら“直感”が引き出されるのか? 医療現場でヒーリングを活用している医師がロジカルに分かりやすく解説。

●串田剛 著 ●四六判 ●212頁 ●本体1,500円+税

“物理学者のセラピスト”がやさしく教える

スピリチュアルと物理学

スピリチュアルには根拠があった!! 宇宙の9割以上が見えないものから出来ているなら、私たちの周りも同様に見えないものが取り囲んでいると解釈出来ます。こころや精神・自然の世界を感じ、深い気づきを得ることは、生きる上での大きなヒントになります。“見えないものの中に、見えるもの以上のものがある”のです。

●柊木匠 著 ●A5判 ●184頁 ●本体1,400円+税

幸せ体質になる!

気のプライベート・レッスン

人生が心から楽しくなる! 太極拳・気功のコンセプトに学ぶ、ココロとカラダの健康美! 太極拳の老師に個人レッスンを受けてる感覚で楽しく読めます。内容:「気」って何?/カラダを美しくする「気」のレッスン/食べてキレイになる「気」のレッスン/ココロを美しくする「気」のレッスン/人生を美しくする「気」のレッスン/他

●ありのまーさ 著 ●四六判 ●256頁 ●本体1,400円+税

「何もしない…」という健康法!

気楽体からだ道場

「太極拳・気功のコンセプトに学ぶ、ココロとカラダの健康美! 太極拳の老師に個人レッスンを受けてる感覚で楽しく読めます。」 身体全体・宇宙全体から見つめ直す新たなる思考、療術、身体操法を紹介。あなたの身体観、宇宙観、武道観を一新する革命的な書! 気楽体とは、気の治療法であり、革新的な身体観・宇宙観です。からだ実感体験法も収録!

●宮城英男 著 ●四六判 ●272頁 ●本体1,500円+税

未来を視覚化して夢を叶える!

魂の飛ばし方

タマエミチトレーニングというちょっと不思議な修行で世界が変わる!自分が変わる!面白いほど夢が叶う究極のイメージトレーニング法。記憶の逆まわし法・視覚の空間移動法・魂飛ばし法・夢見の技法・異邦人になりきる法・絵や文字による夢の物質化など、誰でもできる究極のイメージトレーニングで体外離脱×願望を実現。

●中島修一 著 ●四六判 ●192頁 ●本体1,400円+税

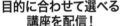

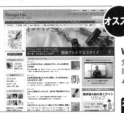